シリーズ「古代文明を学ぶ」

メソアメリカ文明ガイドブック

市川彰［著］

新泉社

目次

シリーズ「古代文明を学ぶ」

メソアメリカ文明ガイドブック

●

市川 彰 著

監修

西秋良宏

編集委員

安倍雅史

松本雄一

庄田慎矢

下釜和也

０１ メソアメリカ文明とは

野球少年だった私は、高校生最後となった夏の試合中に「自分は、将来、何者になりたいのか」と自問していました。その時、私の頭の中には、小学生の頃にテレビ番組でみて、あこがれていた中南米の古代文明が思い浮かびました。そして、考古学を学ぼうと決意しました。

大学を卒業して数年後、私は、ＪＩＣＡ青年海外協力隊†の試験に合格し、エルサルバドルに派遣されました。これをきっかけに、メソアメリカ考古学の道に本格的な第一歩を踏み出しました。もともと異文化に興味のあった私は、現地の人々と暮らし、野外で調査する楽しさを感じるとともに、しだいにメソアメリカ文明の魅力に惹きつけられていきました。

メソアメリカ文明は、南アメリカ大陸に栄えたアンデス文明とならび、アメリカ大陸を代表する古代文明です。メソアメリカの「メソ」は「中間」を意味します。つまり、北アメリカと南アメリカの中間、現在の国名でいうと、メキシコの北部からグアテマラ、ベリーズ、そしてホンジュラスとエルサルバドルの西部にまたがる地域をさします。

このメソアメリカでは、紀元前１８００年頃からスペイン人が入植を開始する16世紀初頭までに、いくつかの地域にさまざまな文明が興亡しました。たとえば、メキシコ湾岸に栄えたオルメカ（前１２００～４００年頃†）、オアハカ地域†に興ったサポテカやミシュテカ（前５００年～後16世紀頃）、マ

†国際協力機構（Japan International Cooperation Agency＝JICA）が実施しているボランティア事業。

†本書では、「前１２００～４００年」とした場合、「～４００年」は「前４００年」を示す。紀元前／後にまたがる場合には「前１２００～後４００年頃」と表記する。なお「紀元」は各項初出のみ記す。

†オアハカ地域：メキシコ南部の州。

ヤ地域†で隆盛をきわめたマヤ（前１０００年～後16世紀頃）、それからメキシコ中央高原にはメソアメリカ最大の都市国家とされるテオティワカン（前１００～後６００年頃）やメソアメリカ最後の王国とされるアステカ（後１３００年～16世紀頃）などが栄えました。こうした諸文明の総体を「メソアメリカ文明」と呼びます。

メソアメリカ文明の特徴をあえて一言で表現するならば、「豊かな多様性」です。メソアメリカ文明が栄えた地理的範囲は自然環境が多様で、異なる自然環境に適応したさまざまな生業が展開しました。噴火、地震、大雨、干ばつなどの自然現象も起こりました。そして、メソアメリカ全域を政治的に統一するような国家や王朝、そして共通する文字（言語）がありませんでした。また、ラクダ科動物や馬のような大型の家畜が存在せず、移動は基本的に徒歩でした。それにもかかわらず広範囲の交易網が発達したことがわかっています。つまり、多様な自然環境の中で多様な国家や王朝が各地に存在し、多様な言語が飛び交う文明でした。異文化交流や多言語社会は、何もいまに始まったことではなかったのです。

メソアメリカ文明では、青銅器や鉄器といった金属器が実用化されることなく、石器が主要な利器として使用されつづけた点も特筆に値します。これはメソアメリカ文明が遅れていたことを意味しません。これからみていくように、自然環境と融和した世界観と農耕技術を発達させ、高度な建築技術を駆使して都市を造り、複雑な文字や暦の体系を使って記念碑を残しました。メソアメリカ文明を創り、支えた人々は、便利さや効率ばかりを求めがちな現代の私たちとは異なる考えにもとづいて生きていたのです。

本書では、こうした世界的にみてもユニークなメソアメリカ文明のエッセンスを紹介します。

†オアハカ地域は、現在のメキシコ南部に位置する。大部分は高地で山々にかこまれた複雑な地形を呈している。メキシコ湾岸と太平洋岸を結ぶ重要な回廊であったといわれるテワンテペック地峡がある。サポテカやミシュテカを含めさまざまな言語集団が現在も住んでいる。

†マヤ地域は、現在のメキシコのユカタン半島から南にベリーズ、グアテマラ、そしてエルサルバドルとホンジュラスの西部にまたがる地域をさす。地理的には大きく、マヤ低地北部、マヤ低地南部、マヤ高地（マヤ南部）に分かれる。ユカテコ、キチェ、カクチケルなどマヤ諸語を話す人々が現在も住んでいる。

遺跡地図

チチェン・イツァ遺跡のエル・カスティーヨ

01 メソアメリカの遺跡と時期区分

メソアメリカ文明が栄えたのは、メキシコ北部からグアテマラ、ベリーズ、そしてエルサルバドル、ホンジュラスの西半分にかけての約100万km^2（日本の国土面積の約3倍に相当）にわたる。時期は大きく、石期、古期、先古典期、古典期、後古典期に分けられる（縄文時代草創期・早期から室町時代に相当）。

時期区分

(年) ~10000 ▼ 8000 ▼ 2000 ▼ 1000 ▼ 400 ▼ 紀元前／後 ▼ 250 ▼ 600 ▼ 800 ▼ 1000 ▼ 1200 ▼ 1500 ▼

時期区分 ＼ おもな地域・文化	石期	古期	先古典期			古典期			後古典期	
			前期	中期	後期	前期	後期	終末期	前期	後期
マヤ地域						マヤ				
メキシコ中央高原						テオティワカン			トルテカ	アステカ
メキシコ湾岸				オルメカ						
オアハカ地域					サポテカ				ミシュテカ	

＊先古典期は「形成期」と呼ばれることもある。また、時期区分の年代については、地域や研究者によって若干異なる。

02
メソアメリカの多様な自然環境

メソアメリカは、北アメリカと南アメリカをつなぐ、アメリカ大陸の細長い中央部に位置し、南を太平洋、北をメキシコ湾とカリブ海にかこまれた地域です。

太平洋岸側には日本列島もその一部をなす環太平洋造山帯があり、メキシコ中央高原やオアハカ地域といった山々が連なる壮観な景色が広がっています。そこにはテオティワカン、アステカ、サポテカといった諸文明が栄えました。

一方、メキシコ湾岸には低地が広がっており、そこにはオルメカ文明が栄えました。

メキシコ湾とカリブ海の間には、海に突き出るようにユカタン半島が広がっています。その南にはグアテマラとベリーズという国があり、その国土の大半は熱帯雨林でおおわれています。さらに南に行くと、先の環太平洋造山帯の一部をなす山々が東西に連なり、それらを越えると太平洋岸に出ます。このユカタン半島から太平洋岸にまたがる地域は、マヤ低地北部、マヤ低地南部、マヤ高地（マヤ南部）と呼ばれ、マヤ文明が栄えました。

メソアメリカの季節は、雨季（5～10月）と乾季（11～4月）に分けられます。年間降雨量が２５０ミリメートルにも満たない地域から３０００ミリメートルを超える地域まであります。熱帯および亜熱帯気候に属するため、年間を通じて暖かいところがほとんどですが、一日の寒暖の差が激しい場所もあり、5000メートルを超える山々には雪が降ることもあります。

メキシコ中央高原、オアハカ地域、マヤ高地、マヤ低地北部は、熱帯サバンナやステップの半乾燥地帯です。メキシコ中央高原は海抜約2200メートル、オアハカ地域は海抜約1500メートルに位置し、やや冷涼で降雨量が少ないところです。マヤ高地は海抜が800メートルを超え、マツなどの針葉樹林が広がっています。こうした高地では、黒曜石やヒスイといった資源が豊富です。また、メソアメリカの神聖な鳥であるケツァル鳥が生息しています。

メキシコ湾岸やマヤ低地南部に広がる熱帯雨林は生物の宝庫で、コンゴウインコ、ジャガー、クモザルなどが生息しています。

一方、マヤ低地北部は平坦な石灰岩台地の上にあり、海抜100メートル以下のところが大半です。川や湖がほとんどないため、地下水や雨水の浸食で石灰岩台地が陥没してできたセノーテと呼ばれる天然の泉や、バホと呼ばれる自然のくぼ地に溜まった水を生活用水として利用していました。

メキシコ湾、カリブ海、太平洋に面した地域の多くは高温多湿で、マングローブ林が広がっています。海産資源が豊富なだけでなく、装飾品として重宝された貝も採取できます。さらにメキシコ湾やカリブ海沿岸は良質な塩がとれることで有名です。太平洋岸では、高級飲料の原料として重宝されたカカオや衣服の原料となる綿の栽培も盛んでした。

これからみていくように、山、川、湖、海、空といった自然環境と、雷雨、地震、噴火、干ばつなどの自然現象、そしてさまざまな天然資源や動植物は、メソアメリカの人々の生活様式、世界観や思想の形成、地域間の交流、社会の盛衰にも色濃く反映されており、メソアメリカ文明の多様性を生み出す要因となりました。

メキシコ湾岸

③メキシコ湾岸のサン・ロレンソ遺跡周辺

マヤ低地北部

④マヤ低地北部の石灰岩台地とカリブ海（トゥルム遺跡）
⑤天然の泉、セノーテ （チチェン・イツァ遺跡）

マヤ低地南部

⑥マヤ低地南部の熱帯雨林（中央の白くみえるのがカラクムル遺跡の神殿ピラミッド）

⑦セイバの木
世界の中心にそびえ立つ世界樹とされた。

マヤ高地（マヤ南部）

⑧マヤ高地（マヤ南部）のアティトラン湖
水に関わるさまざまな儀礼がとりおこなわれた。

⑨ジャガー 権力の象徴として崇められた神聖な動物。
⑩ケツァル鳥⑪コンゴウインコ 神聖視され、羽根は装飾品にも利用された色鮮やかな鳥。
⑫クモザル マヤ神話では人間誕生の過程における失敗品として描かれている。
⑬ワニやヘビなど水陸両用の爬虫類 異なる世界を行き来し、つなぐ生き物であった。
⑭七面鳥⑮イヌ 家畜化されたことがわかっている数少ない動物。

02 多様な自然環境の中で育まれた文明

多様な自然環境がメソアメリカ文明の多様性を生んだ。そして自然環境は、古代の人々の世界観の形成と密接に関わっている。山は地下界・地上界・天上界をつなぐ場所として神聖視され、熱帯雨林に広がるセイバの木は世界の中心にそびえ立つ世界樹であった。水は生命の源であり、水に関わるさまざまな儀礼がおこなわれ、洞窟は地下界を意味した。

メキシコ中央高原

①メキシコ中央高原にあるゴルド山とテオティワカン（手前）
山は地下界・地上界・天上界をつなぐ聖なる場所であった。

オアハカ地域

②モンテ・アルバン遺跡からオアハカ盆地を望む

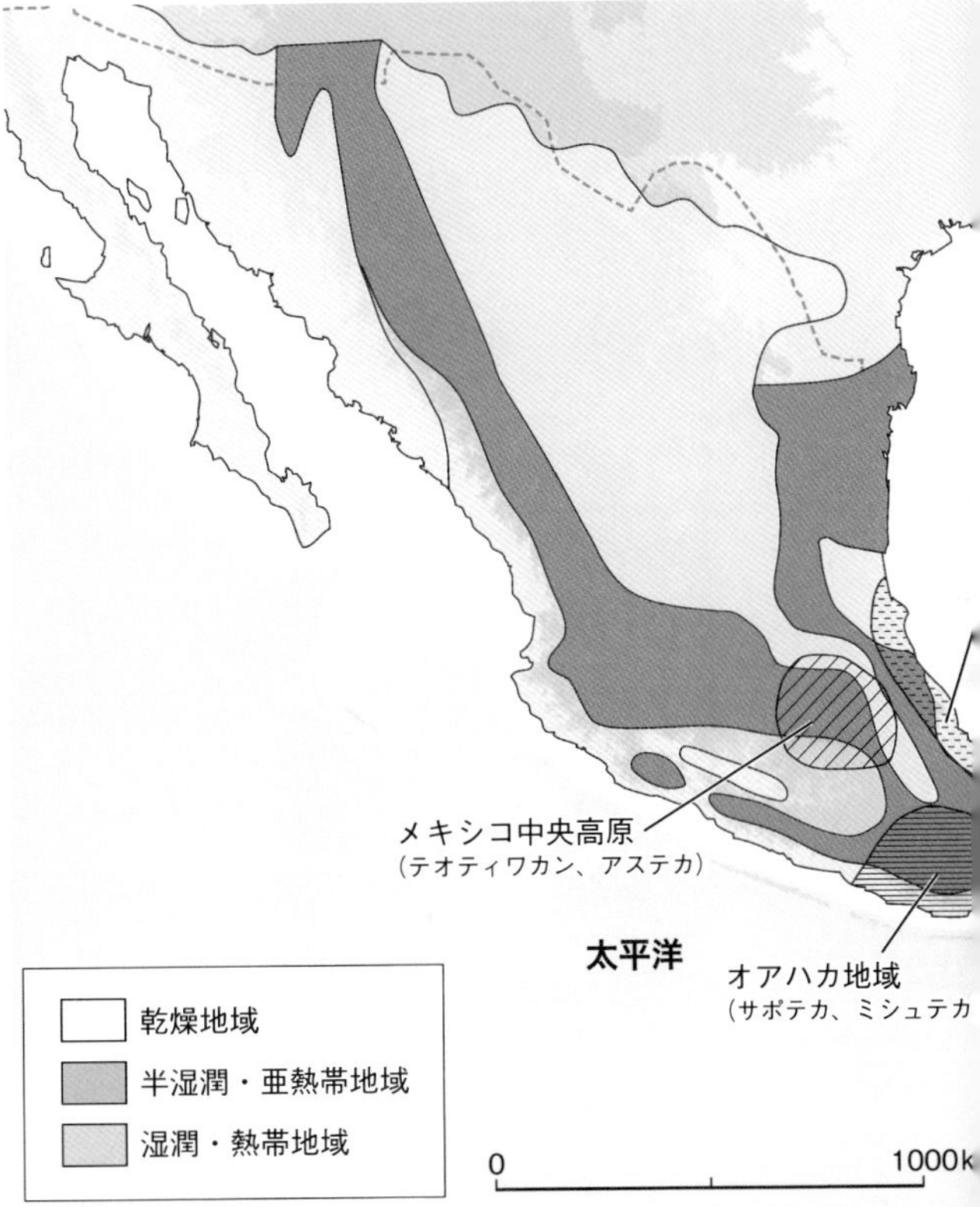

TOPIC 動物　身のまわりの動物もまた、世界観と密接に関連していた。

03

「新しい」大陸にやってきた人たち

人類は、いつ、どこから、どのようにしてアメリカ大陸に足を踏み入れ、拡散していったのでしょうか。これはメソアメリカの歴史だけではなく、人類史を考えるうえで重要なテーマです。

この「最初のアメリカ人」をめぐる論争では、さまざまな説が提唱されています。長く定着している説は、北東アジアを起源とする集団が約1万3000年前頃に、陸続きとなっていたベーリング海峡を渡り、巨大な氷床†の一部が溶け出して地表面が露出した部分、通称、無氷回廊を徒歩で通過して、南下していったとする説です。アメリカ大陸の各地で出土するクローヴィス†という名で知られる特徴的な尖頭器が拡散の証拠として重要です。

しかし現在では、アジア起源の人類が約2万3000年前には現在のシベリアやアラスカ付近まで到達し、その後、約1万6000〜1万4000年前に北米へ到達していたことを示す証拠が増えてきています。徒歩だけではなく、太平洋沿岸をルートとする航海の技術や知識も想定するこの説は、人類の可能性に着目した興味深いものといえます。

しかし、こうした想定以上に古い人類の痕跡がアメリカ大陸の各地でみつかっています。メキシコ北部の高地にあるチキウィテ洞窟†では約1900点にものぼる多様な石器群が発見されました。そして遺跡で採取された炭化物などの年代測定の結果、人類のこの地域への拡散が約3万3000

†氷床とは、降り積もる雪によって継続的に固められ形成されていく氷の塊の一種で、厚いところではその厚さが3000メートルを超えるところもある。北半球ではグリーンランド、南半球では南極に、氷床がいまも広がっている。

†底部を樋状に剥離して抉(えぐ)りをほどこした尖頭器。

†チキウィテ洞窟は、メキシコ北部サカテカス州の標高2

〜3万1000年前にまでさかのぼる可能性があるという衝撃的な成果が発表されたのです。この洞窟は、人々が高地に適応した生活を営んでいた証拠として重要です。

さらに、米国ニュー・メキシコ州のホワイト・サンズ国立公園遺跡では、約2万3000〜2万1000年前と想定される、驚くほど明瞭な足跡が発見され話題となりました。足の大きさや形の分析から、10代の青年と小さい子ども複数人で構成された集団であることまでわかっています。

北米、中米を越えて、南米でも古い遺跡がみつかっています。チリの南部に位置するモンテ・ベルデ遺跡†では、尖頭器などの石器群や火を使ったと思われる痕跡がみつかっています。これらは年代測定の結果、約1万8000〜1万4000年前と考えられています。

ただし、これらの1万3000年前よりも極端に古い痕跡や石器群の存在については、比較資料がほとんどないため、専門家からの否定的な見解も少なくないようです。とはいうものの、研究者が想定している以上に早い段階で人類がアメリカ大陸に到達し、各地に拡散していった可能性はゼロとはかぎりません。

いずれの説にしても、温暖化が進んだ約1万年前以降、人類は確実にアメリカ大陸の広い範囲に到達し、遺伝的にも文化的にもいくつもの集団に分かれ、各地域の自然環境に適応しながら生活を営んでいたようです。生活の中心は石器を使った狩猟です。この頃にはマンモスやバイソンといった大型獣は絶滅し、シカ、ウサギ、鳥などの中型・小型動物の狩猟に加えて、魚、カニ、カメなどの水産資源の利用などにシフトしていきます。さらに、インゲンマメ、カボチャ、トマトといった有用植物の栽培化も始まります。植物繊維を利用して、サンダルやカゴなども作っていたようです。メソアメリカ文明の基盤は、この時期から芽生え、長い助走期間をへて開花することになります。

749メートルの高地にあり、入口から斜面になって最深部までは深さが約15メートル、幅が50メートル以上になる。石核、剥片、ナイフといった石器以外に人工的に製作された遺物は出土しておらず、人骨も出土していないが、大量の炭化物があり、火を焚いていた証拠と考えられている。

†モンテ・ベルデ遺跡は、チリの中南部を流れる川の両岸にある河岸段丘上に位置する遺跡で、簡素な住居、豊富な陸産・海産の食べ物の証拠がみつかっている。

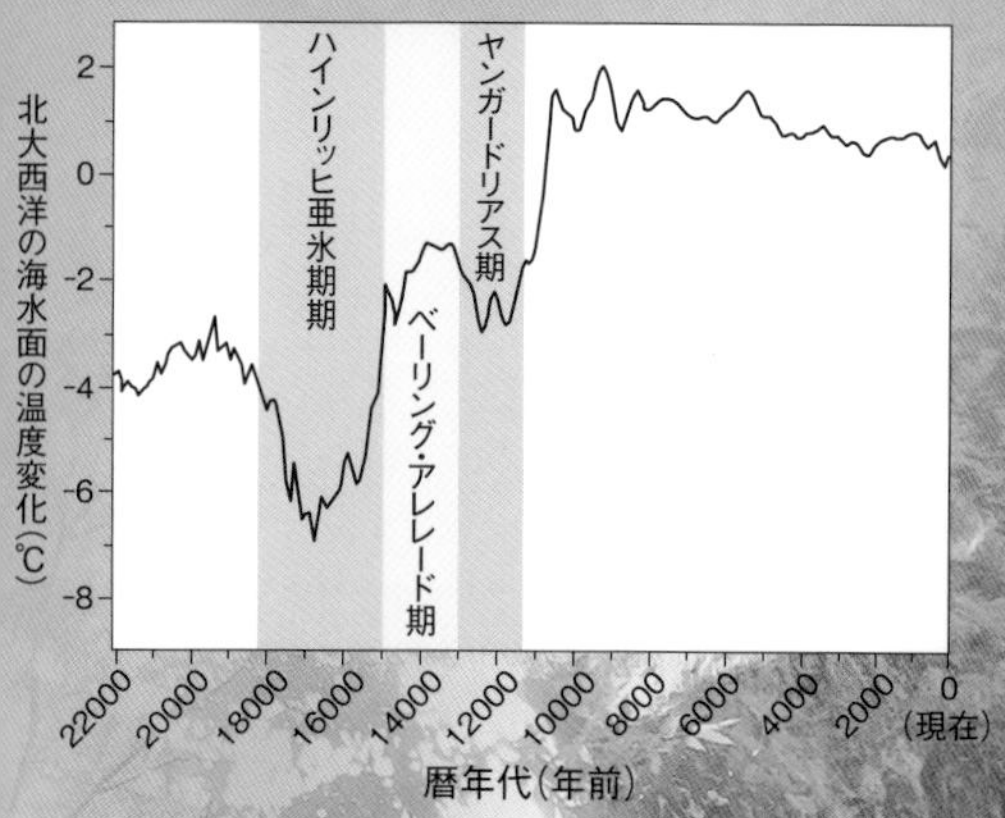

③温暖化と寒冷化：約16000 ～ 14000年前の最終氷期が終わる頃、温暖化が進んだ時期に、無氷回廊が現れて、人々の流入が促進されたのであろう。やがて再びヤンガードリアス期と呼ばれる寒冷期に突入するが、この寒冷期を生きのびた人々が、その後の温暖な気候の中で各地の環境に適応しながら拡散していった。

⑤寒冷期のキャンプサイト、ユザヌ50遺跡（オアハカ地域）：ヤンガードリアス期（約13000 ～ 11000年前の寒冷期）のキャンプサイトと考えられている。黒色層が往時の生活面で、その上の厚い白色の層は河川堆積。この時期の調査がむずかしいことがわかる。

④エスピリトゥ・サント岩陰遺跡（エルサルバドル東部）：年代が特定されていない遺跡も多いが、石期や古期の人々は洞窟や岩陰などを住まいとして利用していたと考えられている。岩刻画や岩絵も残している。

03 メソアメリカ文明の基層を創った人々

メソアメリカ文明の基層を創った人々が、どこから、どのようにやってきて、新しい環境に適応しながら、拡散していったのか。これは人類史における大きな問いである。層位学的発掘、自然人類学、水中考古学、年代学、環境学、地質学、遺伝学などのさまざまな専門家によって共同作業が進められている。

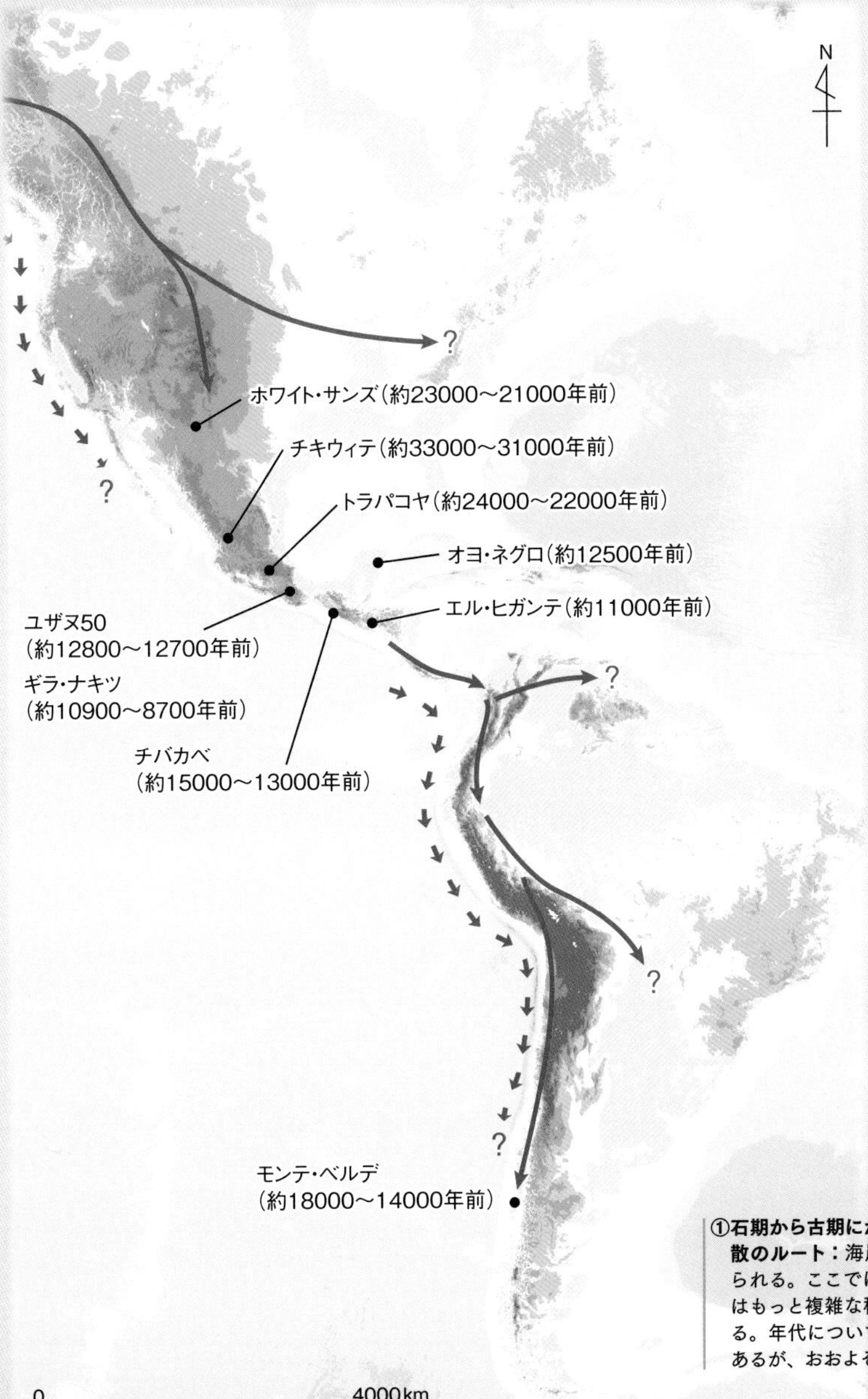

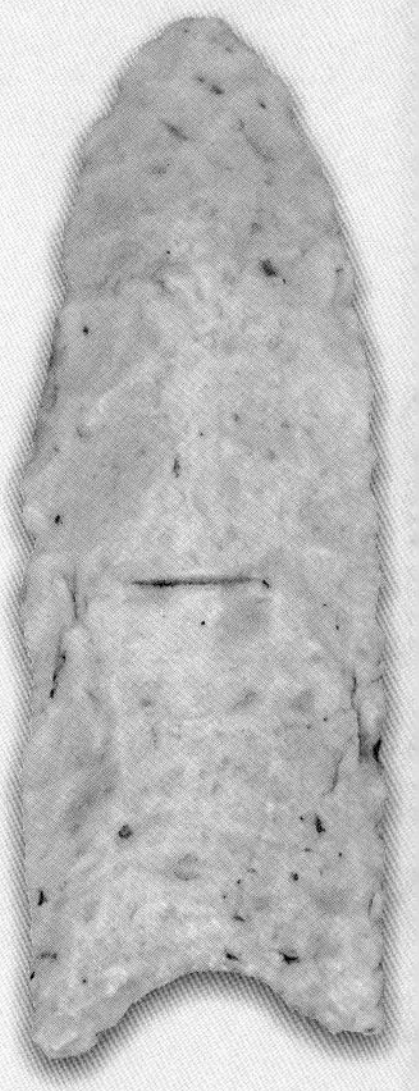

②クローヴィス形石器：約13000年前以降にアメリカ大陸に渡ってきた人々の生活は狩猟が中心であった。クローヴィスという名で知られる特徴的な尖頭器や魚の尾に似た尖頭器が代表的な遺物である（7～12cm前後）。この尖頭器を長い柄にさし、槍または投槍にして狩猟していたと考えられている。

①石期から古期にかけてのおもな遺跡と人類拡散のルート：海岸ルートと内陸ルートが考えられる。ここでは簡潔に示しているが、実際はもっと複雑な移動の歴史があったはずである。年代については議論の分かれるところであるが、おおよその年代を記しておく。

04 奇跡の作物、トウモロコシの誕生

メソアメリカの人々の主食といえば、トウモロコシです。日本では夏のおやつというイメージが強いですが、コムギやイネとならぶ世界三大穀物のひとつです。このトウモロコシの原産地はアメリカ大陸です。

トウモロコシの歴史は複雑です。遺伝学的研究によれば、トウモロコシの原型は、グアテマラやメキシコに自生していた「テオシンテ」という野生植物といわれています。それを人々が採集し、利用が繰り返される中で、突然変異によりトウモロコシの祖先になったと考えられています。メキシコ西部バルサス川流域での調査によれば、紀元前７０００年頃にはトウモロコシの栽培化が始まっていたようです。しかし、初期のトウモロコシは穂軸の長さがわずか2センチメートルほどのもので、穀粒も硬く主食とするにはほど遠いものでした。

メソアメリカには、カボチャやヒョウタンのようにトウモロコシよりも古くから栽培化された植物がありますが、人々はトウモロコシの生育に執着しつづけました。なぜでしょうか。

その理由に、チャールズ・ダーウィンも驚嘆するほどのトウモロコシの環境への優れた順応力があります。植物の栽培化が始まったとはいえ、人々は転々としながら、狩猟や漁労を生業の中心として有用植物を採集するという生活を送っていたと考えられます。しかし、それによりメソアメリ

カから南米の広い範囲にトウモロコシに関する知識が広がっていったのでしょう。近年では、メソアメリカにおけるトウモロコシ栽培の技術革新は、現在のコロンビアやコスタリカに住んでいたとされる人々によって前5300～3600年頃にもたらされた可能性が指摘されています。その後も品種改良が進み、現在の私たちが食しているような穂軸に数百の大きな穀粒がついた、生産性の高いトウモロコシへと変貌を遂げました。

　そして、いよいよトウモロコシはメソアメリカの人々の主食となっていきます。トウモロコシ農耕を核とする生業が確立されたといわれるのが前1000年頃です。焼畑農耕に加えて、水源に近い場所、段々畑、家屋付近の耕作地で、トウモロコシ栽培を含む農耕を営みます。金属器を主要利器としなかったメソアメリカの人々ですが、幅や高さのそろった盛土畑の美しさにはほれぼれします。

　食べ方もいろいろです。収穫後、穂軸から穀粒を削り落とし、それを石灰水に入れて茹でてやわらかくします。それから、石皿と石棒を使って挽きつぶしてペースト状にします。このペーストを薄くのばして円形にして焼いたのがトルティーヤです。団子状にしたものはタマルといいます。また、発酵してできたお酒はチチャと呼ばれ、儀礼などで使用されました。

　トウモロコシはまた、メソアメリカの人々の世界観や宗教、さらには王権の形成にも大きな影響をおよぼした聖なる植物でした。トウモロコシの穂軸を表現した図像はオルメカ文化にさかのぼり、その後、石彫、壁画、土器、絵文書などにも描かれるようになります。古代マヤ人の創世神話「ポポル・ヴフ」†では、神々の試行錯誤の末、人間はトウモロコシから創られたと語られています。

　トウモロコシがアメリカ大陸から世界に広がって約500年がたちました。多様な環境で育つトウモロコシはいまや世界の食を支える「奇跡の作物」と呼ばれています。

†マヤ高地のキチェ・マヤ人の貴族層がアルファベットで書き記したキチェ語の創世神話・歴史書。同書は、18世紀初頭、ドミニコ会士フランシスコ・ヒメネス神父によってグアテマラのチチカステナンゴにて発見された。

トウモロコシの調理法

③トルティーヤを焼くための「コマル」と呼ばれる調理具。古代の遺跡からも出土している。
④メキシコ⑤エルサルバドルのトルティーヤ。国・地域により厚さが異なり食事の仕方もやや異なる。
⑥タマル。中に入れる具は各地で異なる。

チナンパ

⑨⑩メキシコ中央高原に栄えたアステカ王国の時代に主要な農耕地であったチナンパ。湖上の浮島の上に湖の底から取った豊富な養分を含む泥を盛り上げて作られている。島と島の間はカヌーなどで移動する。現在もメキシコ市南部のソチミルコでみることができる。

古代の耕作地

⑦火山灰に埋もれたマヤ高地の古典期前期の盛土畑（黒い部分が畑）。
⑧オアハカ地域の山間部にみられる段々畑（先古典期〜現代）。

04 多様な環境に適応した多様な農耕

アメリカ大陸はまさに食の宝庫であり、世界の作物の6割がアメリカ大陸原産である。この多様な植物を栽培する過程でさまざまな農耕技術や食文化、世界観が形成された。現在も各地で豊かな食文化を楽しむことができる。

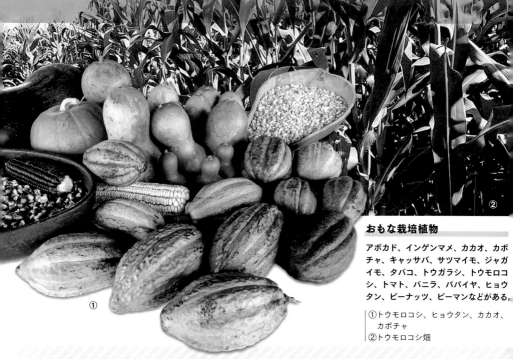

②

①

おもな栽培植物

アボカド、インゲンマメ、カカオ、カボチャ、キャッサバ、サツマイモ、ジャガイモ、タバコ、トウガラシ、トウモロコシ、トマト、バニラ、パパイヤ、ヒョウタン、ピーナッツ、ピーマンなどがある。

①トウモロコシ、ヒョウタン、カカオ、カボチャ
②トウモロコシ畑

TOPIC 古代の環境、農耕、食生活に迫る

有機質である作物は、熱帯の土壌環境では残りにくい。研究者たちは、土壌や湖の堆積物に含まれる微細な資料をもとに、古代の環境、農耕、食生活の復元に努めている。

⑫

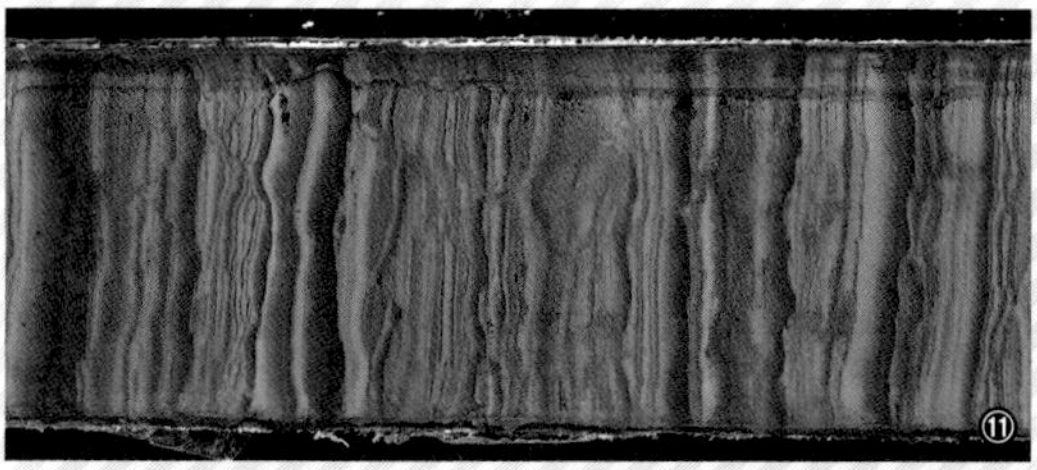

⑪

⑬

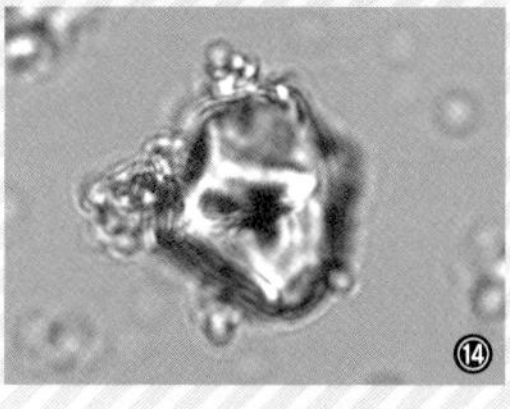

⑭

⑪オアハカ地域の湖で採取された湖沼堆積物。筒状の特殊な掘削機で湖底の堆積物を採取すると、写真のような明るい層と暗い層が交互に確認できる。これを「年縞」といい、1年に1層形成されることから高精度の年代測定や環境復元の鍵となる。
⑫土壌を水洗選別し、乾燥してから、回収物を顕微鏡で観察し、種などを同定する。
⑬顕微鏡で観察したトウモロコシの穂軸
⑭トウモロコシのプラント・オパール

05

土器の製作と定住化への歩み

土器の発明は、人類史上において重要なイノベーションのひとつといわれています。土器の発明により、煮炊きが可能となり、さまざまな動植物資源を食べられるようになったからです。

アメリカ大陸における土器の使用は、現在のパナマやエクアドルあたり†に起源があるようです。しかし、その年代ははっきりとはわかっていません。メソアメリカにおいて土器が広く作られるようになるのは紀元前１９００〜１５００年頃で、メキシコ南部からグアテマラにかけての太平洋岸あたりで製作された土器群が代表的です。無頸または細長い頸部をもつ壺、鉢や椀が多く、なかには赤や黒に彩色され、繊細な刻線文が美しい、完成度の高い土器もあります。同時に人間や動物を形象した土偶も作られました†。

前１５００〜１２００年頃になると土器が作られる地域が広がります。ひとつは、太平洋岸やメキシコ湾岸などのいわゆる低地で、赤色の化粧土と刻線の美しい土器です。もうひとつは、メキシコ中央高原やオアハカ盆地といった高地に広がる、黄褐色地の表面に赤彩を施した土器です。この時期には、メキシコ南部の太平洋岸では為政者の住まいと考えられている床面積が２５０平方メートルを超える建造物も登場します。

前１２００〜９００年頃になると、土器にみられる地域性や表現の多様性がより顕著になります。

†メソアメリカ文明が栄えた地域とアンデス文明が栄えた地域の間にある、ニカラグア、コスタリカ、パナマ、コロンビア、エクアドルの一帯は、「中間領域」と呼ばれている。この地域の研究は両文明と比較すると少ないものの、土器や農耕の起源といった重要なトピックを研究するうえで見逃すことのできない地域であり、今後の研究の進展が待たれる。

†メキシコ中央高原のソアピルコ遺跡で出土した土偶は、放射性炭素年代測定の結果、前２３００年頃とされ、土器よりも早く製作が開始された可能性がある。

メキシコ中央高原でみられる土器には、ジャガーなどの動物がデフォルメされて装飾されます。そうした動物に特別な意味が込められ、表現されるようになる時期といえます。

猪俣健さんらによるマヤ低地南部のセイバル遺跡†の研究成果によれば、マヤ低地南部の土器の使用開始は前１０００年前後と他地域よりも遅いことがわかっています。熱帯の密林での生活に適応するのに苦労したのでしょうか。一方で、土器を最初に製作した地域と異なっているのは、そこからすぐに大型の建造物が造られていくことです。メキシコ湾岸や太平洋岸で発達した土器、祭祀、建造物などの知識や技術がパッケージとしてマヤ低地南部に伝わったように思えます。

セイバル遺跡の調査成果からは、さらに興味深いことが明らかになっています。それは、最初期の大型建造物が造られた時期は、まだトウモロコシを基盤とする完全な農耕定住社会ではなかったのです。定住する人々、季節的に移動を繰り返す人々など定住性の度合いの異なる集団が共存していたようなのです。人骨から食性を調べる安定同位体分析†や住居址の発掘によると、セイバルでトウモロコシが主食となり、すべての社会階層が定住するようになるのは前３００〜１５０年頃とされています。

人類史という観点から重要な点は、土器が製作されるようになってから、大型建造物が造られ、それからトウモロコシ農耕を基盤とする定住社会ができあがっていくというプロセスです。そして、その順番や速度は地域によって一様ではなかったのです。最初期の土器群がかなり広い範囲で共通する特徴を有した背景には、農耕定住という生活様式が定着しておらず、依然として季節的な移動を繰り返す生活の中で人々が交流し、共通の知識や技術が拡散していったことを示しているのかもしれません。

†セイバル遺跡は、グアテマラ北西部を流れるパシオン川を望む丘陵上に位置するマヤ低地南部を代表する大都市遺跡。前１０００年頃から公共建造物などが造られ、先古典期後期や古典期後期に繁栄期を迎えた。後10世紀頃には、王宮に火がかけられ、終焉を迎えた。

†同位体とは原子核内の陽子の数が同じで中性子の数が異なる原子のことで、人骨に含まれる炭素同位体と窒素同位体の割合を調べると、その人骨が摂取していた食事の情報に迫ることができる。

TOPIC 地域的な広がりをみせた土器様式

前1500年前後になると、二つの大きな土器の伝統を下地としつつ、各地域独自の装飾や器形が発達していった。

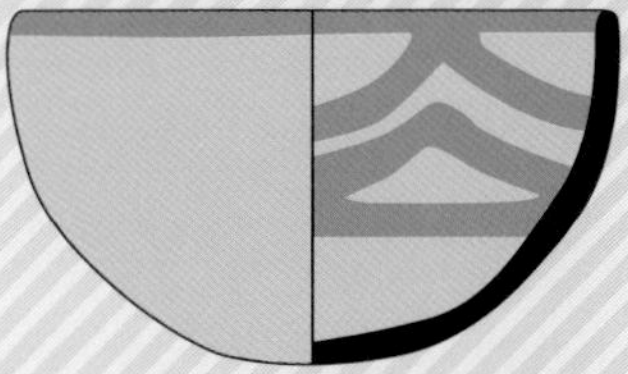

④メキシコ中央高原からオアハカ地域の高地や太平洋岸に広がった、黄褐色地赤彩文土器様式。

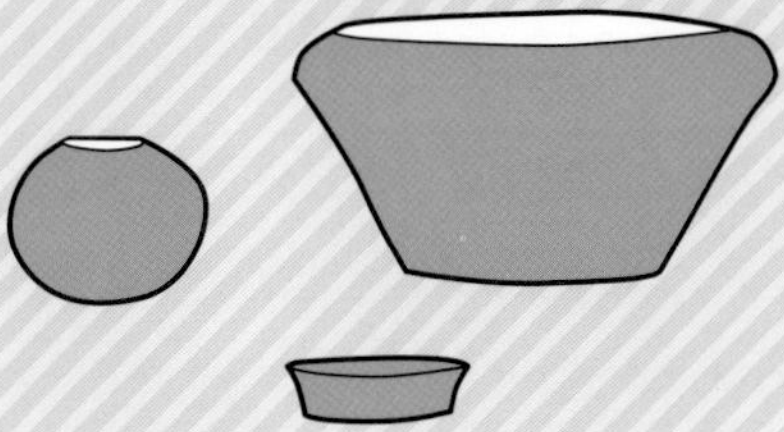

⑤メキシコ最南部の太平洋岸からメキシコ湾岸あたりの低地に広がった、土器の表面全体が薄く赤色の顔料でおおわれたロコナ土器様式。

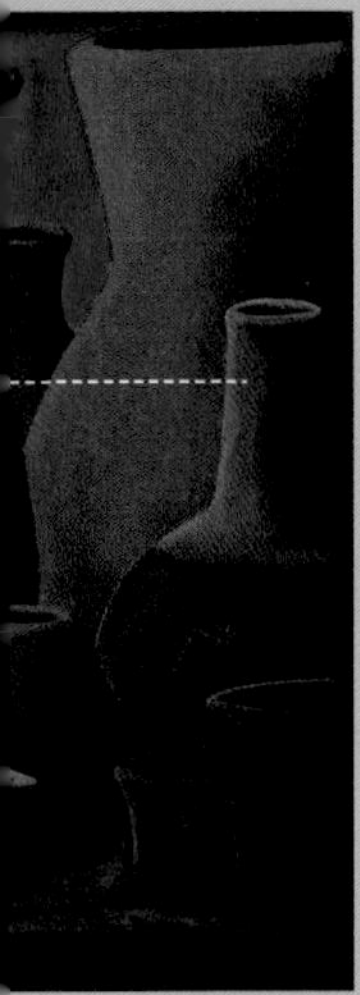

出土片から想定された土器図

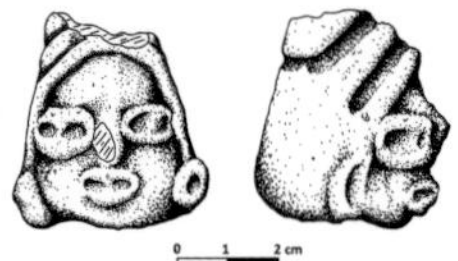

土偶

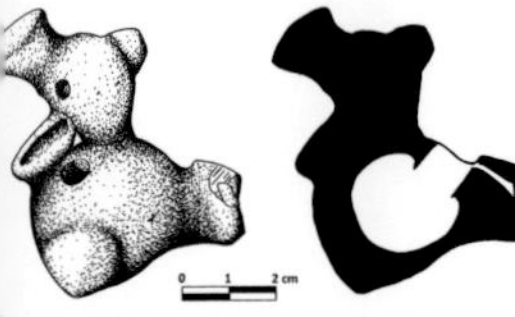

土製の笛

メキシコ中央高原にあるトラティルコ遺跡とその周辺でみられる土器群。

⑥魚

⑧オポッサムと思われる口先の長い動物が人間のような腕をもって立っている様子が表現された土器。

⑦ヘビと鳥が合体したと思われる超自然的な生き物が刻まれた壺。

造形美を追求した土器

前1200～900年頃になると、動物などをモチーフに加えた土器が作られるようになる。光沢のある仕上げ技術や装飾のモチーフにみられる創造力は圧巻である。実存する動物だけではなく、超自然的な生き物を表現しているものもある。

⑨メキシコ中央高原にあるトラパコヤ遺跡出土の土器。人間と動物的な特徴が合わさったような顔が表現されている。

05 最初の土器や土偶

メソアメリカにおける土器の起源や展開については、年代がはっきりしないものが多く、議論の余地が残っている。最初期の土器は器形がバラエティに富み、装飾も刻線や彩色など洗練されているものが多い。おそらく器形や装飾は、ヒョウタンなどの容器となる植物や、魚・鳥・ジャガーなどの身近あるいは希少な動物から着想を得たのであろう。

土器はメソアメリカの外で生まれた？

①パナマの中央地域、太平洋側の諸遺跡でみつかっているモナグリージョ式の土器。赤色の表面装飾や刻線文が特徴的である。議論の余地はあるが前2500年頃と考えられ、アメリカ大陸でも最古段階の土器として位置づけられている。

最古の土偶

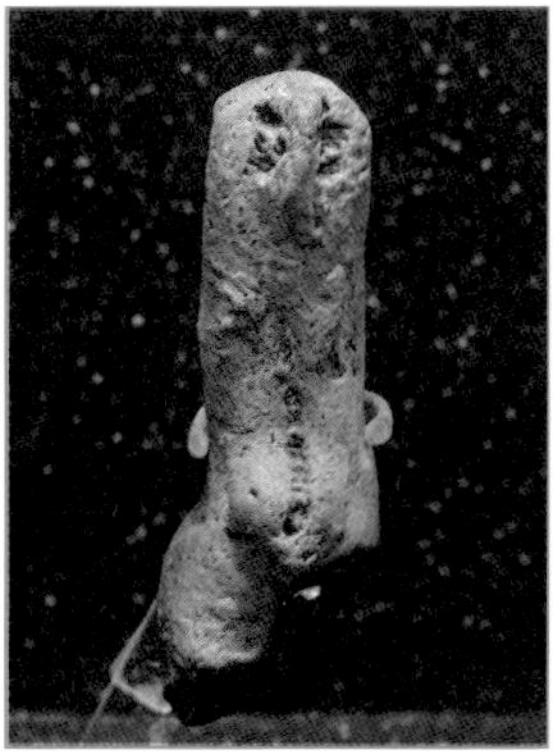

②メキシコ中央高原にあるソアピルコ遺跡でみつかった土偶。デフォルメされた顔、やや小さな突起が手、膨らんだ腹、脚が表現されている。前2300年頃のものと考えられている。

メソアメリカの太平洋岸で育まれた土器の文化

③オアハカ地域の太平洋岸にあるラ・コンセンティーダ遺跡でみつかったトラクアチェ期（前1900～1500年頃）の土器、人物形象土偶、動物を形象した土製の笛。オアハカ地域の高地などでも最初期の土器はあるが、前1900～1500年頃にかけて太平洋岸で育まれた土器の文化は完成度の高い土器として知られている。

06

公共建造物を造る

メソアメリカ文明を語るうえで欠かせない舞台、それが「公共建造物†」です。王や貴族などの為政者たちがさまざまな宗教儀礼、政治活動、天体観測†などをする施設です。

公共建造物は紀元前１７００〜１４００年頃にはメキシコの太平洋岸などで造られはじめます。そして前１２００年頃になると巨大化してより特別な空間に変貌します。メキシコ湾岸南部、オルメカの最初の主都サン・ロレンソの人々は、河岸段丘を大規模な土木工事で改変し、長さ約１キロメートル、高さ約７メートルの人工的な台地を造成しました。台地の上には、いくつもの公共建造物が造られました。その中には「赤い宮殿」と名づけられた建造物があります。床に赤色の砂利を敷き詰め、大きな円柱、水路も備え付けられていました。ここは為政者の住まいであると同時に、粉々になった玄武岩や、未成品または失敗品と考えられる石彫の破片が多数みつかっていることから、石彫製作の場所と考えられています。

２０２０年、猪俣健さんらはマヤ低地南部のアグアダ・フェニックス遺跡での発見を科学誌『ネイチャー』に発表し、世界を驚かせました。南北１４１３メートル、東西３９９メートル、高さ15メートルの超大型基壇や巨大な堤道†などを航空レーザー測量†によって発見したのです。前１０００〜８００年頃に建てられたこの建造物は、マヤ地域最古にして、最大の建造物です。

†遺跡の中でひと際目立つ大型建造物は、「モニュメント」「神殿ピラミッド」「祭祀建造物」などさまざまな呼び方がある。こうした建造物は、強制的であれ自発的であれ、多くの労働力が費やされ、多様な活動の舞台となった。本書では「公共建造物」と呼ぶことにする。

†メソアメリカの人々は、望遠鏡もない時代に、太陽、月、金星などの天体を正確に把握し、精緻な暦を作った。天体の動きを把握することは自然環境の変化を理解することでもあり、農耕とも密接に関係している。日本でも御田植祭や新嘗祭などがあるように、農耕には必ず儀礼がともなう。こうした儀礼は宗教的意味合いが強いが、集団構成員の紐帯を強化するという役割もあるため政治的でもある。

†物資の輸送、建造物間の移

サン・ロレンソの人工的な台地やアグアダ・フェニックスの超大型基壇の上には、大広場をかこむように20の建造物が南北軸に沿って規則的に配置されています。この20という数字は、メソアメリカの人々が使った20進法や２６０日暦のひと月（20日）に相当する数字です。つまり天体や暦は、最初の大型公共建造物の建設と密接に関わっていたことを示唆します。

同じくマヤ低地南部のセイバルでも、前１０００年頃に公共建造物が造られます。自然の岩盤を削って造られた基壇状の建造物が、中央広場（公共広場）をはさんで東西に造られました。† この東西を意識した建造物の配置は、太陽の運行とそれに関わる儀礼と関係しています。

メソアメリカの公共建造物にはいくつかの特徴があります。まず、最初期のものは大型でかつ規則的な配置をしていることです。トウモロコシ農耕を生業基盤とする定住生活がまだ定着していない時期ですが、天体に関する知識や経験に裏打ちされた世界観が公共建造物の建設に反映されていると考えられます。

また「繰り返す」という行為も特徴的です。メソアメリカの公共建造物の多くは一度だけ建てて終わりません。古い建造物をおおうようにして新しい建造物を造るなど、同じ場所に繰り返し、増改築をしました。さまざまな集団が建設と増改築を共同でおこない、公共広場で公共祭祀を繰り返すという行為が集団間の結束を高めていったようです。

メキシコ湾岸とマヤ低地では異なる点もあります。メキシコ湾岸では為政者や強力な王権の存在を示す大型の石彫が出土していることから、公共建造物の建設の背景に中央集権的な社会組織があったことが想定されます。一方、マヤ低地では、そうした大型の石彫などはみつかっておらず、構成員の自発的かつ継続的な共同作業によって造られたと考えられています。

動のための歩道などに使われた。雨期には地面がぬかるみ、移動が困難になったりするため、盛り土をして、地面よりもやや高く造られている。マヤ地域では「サクベ」と呼ばれることもある。サクベとはユカテク・マヤ語で「白い道」を意味するため、漆喰または石灰岩を使って舗装された堤道をいう。

† Light Detection and Ranging（光検知と測距、通常、LiDAR）。レーザー光を照射し、物体に当たって跳ね返ってくるまでの時間を計測して、物体までの距離や方向を測定する方法。機材を航空機に搭載し、上空から広範囲の地形測量を短期間でおこなうことができる。

†この建築配置は、マヤ低地南部（グアテマラ）にあるワシャクトゥン遺跡のEグループでみつかったことから、「Eグループ」と呼ばれている。

さまざまな公共建造物

②神殿ピラミッド：ティカル遺跡1号神殿（マヤ低地南部、古典期後期）
複数の階段状基壇の上に神殿がある建造物を神殿ピラミッドと呼ぶ。神殿の中心軸あるいは各側面には階段がある。王や貴族が宗教儀礼をおこなう場所で、天上界、地上界、地下界を結ぶ聖なる山を象徴するともされる。

③王宮（宮殿）：パレンケ遺跡（マヤ低地南部、古典期後期）
四重塔が美しい。王や貴族が住まい、行政を司る、いわば官邸のような建物。大きな基壇の上にいくつもの部屋がある。

④球技場：カントナ遺跡（メキシコ中央高原、古典期後期）
平行する長い2つの建造物の間で球技をおこなった。球技は政治活動と密接に関わる重要な祭礼のひとつであった。

⑥蒸し風呂：ホヤ・デ・セレン遺跡（マヤ高地、古典期後期）
狭い入口を入ると、10人ぐらい収容できる空間がある。かまどにある熱した石に水をかけ、湯気を出した。薬草も用いられた。身体を清める儀礼や病気治療に使われた。

⑤アクロポリス：カミナルフユ遺跡（マヤ高地、先古典期後期〜古典期後期）
複数の神殿ピラミッドや王宮などの公共建造物からなる大建造物群。

⑦天文観測所：チチェン・イツァ遺跡（マヤ低地北部、古典期終末期）
メソアメリカの都市計画は天体の動きと強く関連しており、春分・秋分、夏至・冬至などを観察するための観測所が造られた。

繰り返し、積み重なって建てられる建造物

メソアメリカの公共建造物の多くは、古い建造物をおおうようにして新しい建造物が造られる。つまり、現在目にすることのできる建造物は、最終段階の建造物（最も新しい建造物）ということになる。

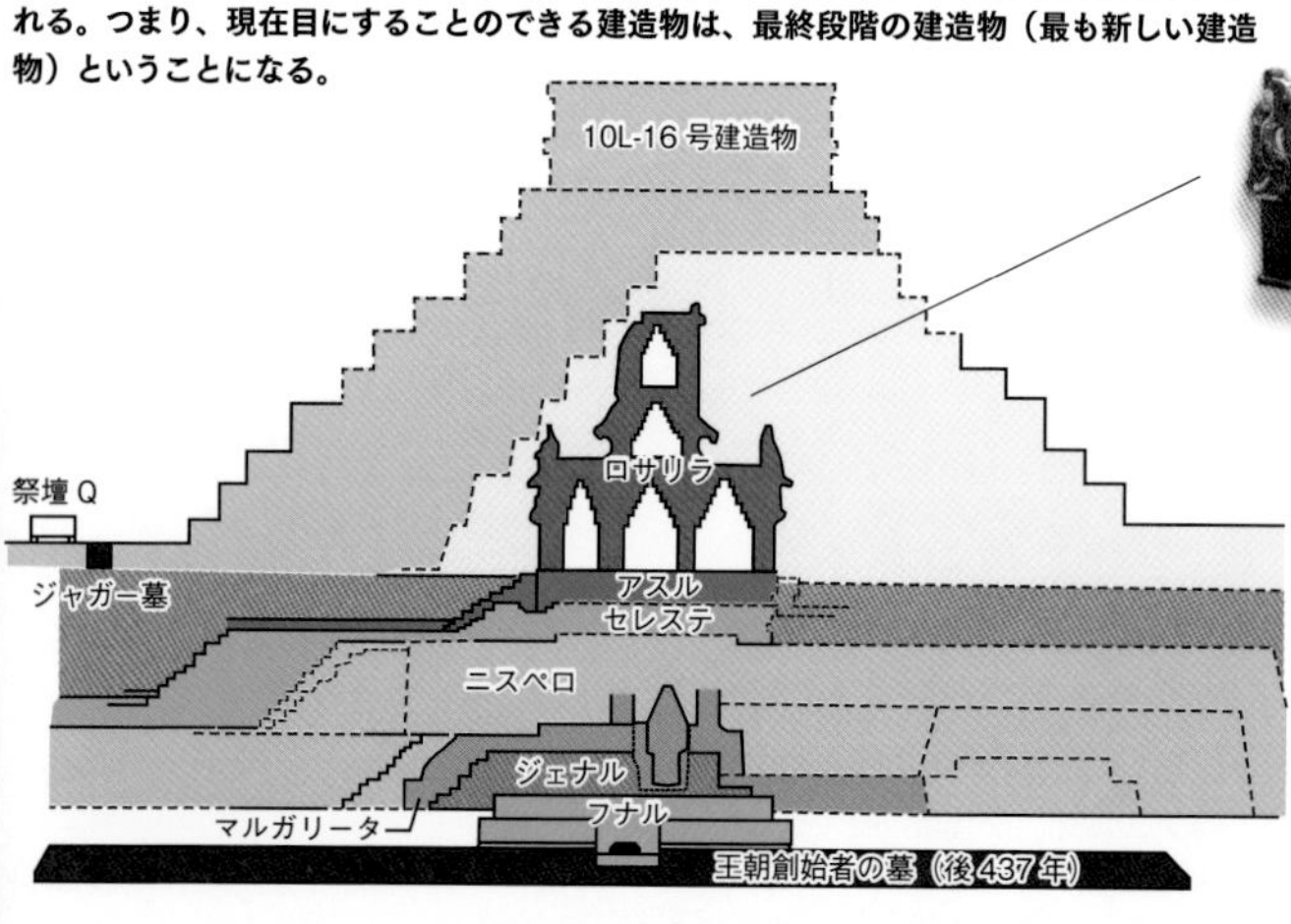

⑧コパン遺跡の10L－16号建造物の変遷模式図（マヤ南東地域、古典期前期〜後期）

⑨ロサリラ神殿：コパンの8代目王が6世紀に建造させた神殿で、赤、オレンジ、緑、黄、黒で彩色された漆喰彫刻が美しい。このままの状態で、つぎの建造物（左図のクリーム色）によっておおわれた。

06 公共建造物群を核とした文明

石や土など各地で獲得可能な材料をもとに、当時の技術と芸術の粋をつくした公共建造物群を中心舞台としてメソアメリカ文明は発展した。公共建造物を造る過程や造られた後に執行される儀礼も重要で、多くの人々が公共建造物を介して絡み合うことにより、社会の階層化が起きたり、地域間交流が活発になった。

①アグアダ・フェニックス遺跡
長軸約1413m×短軸約399m×高さ約15mの超大型基壇（マヤ低地南部、先古典期中期）。猪俣健さんらによる航空レーザー測量調査によって、遺跡の全貌が現れた。

多くの労働量が必要な公共建造物

大規模な公共建造物を造営するには、多くの人たちの参加が必要である。メソアメリカ文明では、構成員の自発的かつ継続的な共同作業によって造営される場合もあれば、王権や宗教などによって動機づけられた、あるいは強制力のもとに造営される場合があったと考えられている。

07 最初の都市ができるまで

メソアメリカ文明では、都市†がたくさん造られました。なぜ、どのようにして、メソアメリカでは都市が造られたのでしょうか。

オアハカ地域を例にみてみましょう。都市の萌芽は紀元前７００〜５００年頃のオアハカ盆地の北に位置するサン・ホセ・モゴテでみられます。小高い丘の上に高さ15メートルの基壇が造られました。この基壇を造営する際に供物が埋納されました。水を表す貝や魚、雨・トウモロコシ・豊穣を示す緑色石製品、血を表す赤色顔料が塗られた骨片などで、これらは生命と関係するもの、つまり生贄†です。生贄は、豊穣のための生命力を大地と雨に与える重要な供物となりました。

こうして生命を象徴し、神々とつながる場所として公共建造物を核とする景観が創られました。目にみえない世界を物質化し、聖なる空間を創り、神々とつながる知識や能力は、社会的なリーダーを生み出し、しだいに政治的統合をうながす源泉ともなっていきます。

こうした日々の生活が積み重なり人口が増加していくと、神々との関係性を強化し、より強い生命力を得られる場所が必要になりました。それが、サン・ホセ・モゴテの南12キロメートル先にみえるモンテ・アルバンです。モンテ・アルバンは、オアハカ盆地を一望できる山上に造られ、前５００〜後７５０年頃までサポテカの主都として繁栄しました。半地下式広場をもつ支配層の住居、

†古代文明における「都市」の定義はさまざまである。ここでは、複数の公共建造物群が集中し、住居址などをともない、農業も含めて工芸品製作などの多様な社会経済活動、儀礼などの宗教的活動がおこなわれたと考えられる遺跡を都市遺跡として、ゆるく定義することにする。

†メソアメリカの人々は、動物や人間を生贄として神々や先祖に捧げることが、自分たちが住まう世界が存続するために必要不可欠なおこないであると考えていた。古代の人々の常識や倫理は、現代の私たちと同じではないことを認識する必要がある。

球技場、有名な「踊る人の石板」をもつ建造物などが大広場をかこむように造られました。

土地が限られ、飲み水や農耕に適さない山上に、なぜ都市を築いたのでしょうか。多くの研究者は、「踊る人の石板」や「征服石板」と呼ばれる石彫群が示すように、軍事力を基盤とし、勢力を拡大していった結果、外敵の侵入を防ぐため山上に建てられたと考えます。踊る人は裸体であることから戦争捕虜と考えられていました。しかし新たな研究では、踊る人は神と融合した人、老人、名士、若い戦士であり、それぞれ放血儀礼†をおこなっていると解釈します。また征服石板についても、従来のように征服した外敵ではなく、地下界へ行った祖先と解釈します。

このように踊る人の石板や征服石板のある都市の南側は血と関係する場所と考えられています。一方、北側基壇には、半地下式広場をともなう支配層の住居が建設されました。半地下式広場は海や洞窟への入口と関係します。また雨の神の図像表現などもあり、水と関連する場所、つまり生命を象徴する場所とも考えられています。このように近年、世界観、宗教、農耕、日常生活が密接に絡む集合体として都市を捉える見方が注目されています。

この見方で重要なことは、メソアメリカの世界は、天上界、地上界、地下界からなり、身のまわりのあらゆるものや現象に生命が宿り、それらとの相互関係によって人間が生かされているという世界観です。特に人間の生命の源となるトウモロコシの豊穣をめぐる神々への信仰を具現化し、共同体内で共有することが重要でした。そして、その試行錯誤の集合体として都市が生まれたのです。

こうしてモンテ・アルバンは、大広場を中心として、地下界、地上界、天上界を表象し、それぞれの世界を生命力で満たし、つなぐための儀礼を執行する場所、集合体として都市化が進行していったのです。

†黒曜石やエイの棘などで、性器、耳、舌などを刺し、血を採取する行為で、みずからの血を神々や先祖に捧げる自己犠牲をともなう儀礼である。

天地がつながる生命の山頂都市　モンテ・アルバン

②肥沃な土壌をもち、交通の要所でもあったオアハカ盆地の中心に位置し、天然の要害ともいえる山頂に造られた。前500年頃から、放棄される後700年頃までサポテカ文化の中心として栄えた。メソアメリカ文明を代表する都市遺跡であり、世界遺産に指定されている。

③モンテ・アルバンからの眺め。オアハカ盆地を一望できる。

⑥**北基壇の半地下式広場**：中央に小さな祭壇がある。左にみえるのが、支配層の住居と考えられる神殿。こうした「広場－祭壇－神殿」のセットは、ひとつの定型として他の遺跡でもみることができる。

⑦**球技場**：長さ41m、幅24mのI字型の球技場だが、マヤ地域の球技場にみられるような得点板がついていないのが特徴。

⑧**大広場**：大広場の中央には3つの連結した建造物（G, H, I）があり、南側には40もの征服石板が埋め込まれた建造物Jがある。この建造は天体観測用に用いられていたとする説もある。

⑨**征服石板**：建造物Jの壁面に埋め込まれている。描かれた人物は地下界へ行った祖先とみられる。

07 生命が宿り、躍動する都市空間

都市のさまざまな建造物や広場の配置には、天体、暦、農業、神々、人間の絡み合いが埋め込まれており、日常生活や儀礼を通じて共有される経験により、記憶が生成されていく空間でもある。現代の私たちは都市に機能的便利さや経済的豊かさを求めてしまいがちだが、メソアメリカの人々にとって都市は生命力にあふれたパワースポットであった。

TOPIC サン・ホセ・モゴテ遺跡の基壇I

①オアハカ地域における都市の萌芽はここから始まった。都市に生命力を与えるという、いわば試行錯誤が繰り返された実験場であったのかもしれない。

④**建造物L：**踊る人の石板など300を超える石彫が埋め込まれていた公共建造物。

⑤**踊る人の石板群：**裸で踊っているようにみえるため、そう名づけられたが、図像学的研究により、放血儀礼の様子を描いたという解釈も有力視されている。もとは建造物Lの壁面に埋め込まれていたと考えられている。

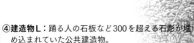

08 石に刻まれた世界観と事績

硬く、腐朽しにくい石は、古代の人々にとって、世界観や事績を表現するには最適の素材でした。石彫は、土器や石器ではわからない、古代の人々の世界観や宗教、社会構造、政治、日常生活に関する豊富な情報を提供してくれます。

石に何かを刻み残す行為が開始されるのは、メソアメリカの人々の世界観や宗教が体系化されていくことと、社会の階層化が進んでいくことと関係しているようです。目にみえない観念や社会的差異を目にみえる形で残すことによって、人々の間でさまざまなことが共有され、結束を促す場合もあれば、王や貴族層の権力の正当化や強化にも効力を発揮しました。

その始まりは、紀元前１２００～９００年頃、オルメカの主都サン・ロレンソに造られた巨石人頭像†や玉座などです。このオルメカに端を発して、以後、後16世紀に至るまで、時期や地域によって様式は異なりますが、さまざまな石彫が製作されました。

石彫の彫り方は、大きく二つに分けられます。ひとつは、平らな板状の石材や四角柱の側面にイメージをやや立体的に彫り込むタイプで、マヤ地域やオアハカ地域の石彫が代表的です。もうひとつは、石材の形を活かしてより立体的な姿を表現する丸彫りタイプで、オルメカの巨石人頭像や動物を形象したものが代表的な事例です。そのほか、いくつかのパーツにわけて、公共建造物の壁面

†オルメカを代表する石彫で、当時の重要な人物の顔が表現されているといわれている。大きいものは3メートル、重さ50トンを超える。

などに埋め込むモザイク石彫というタイプもあります。

石彫に表現される図像はさまざまです。代表的なものとしては、ジャガーなどの神聖な動物、羽毛の生えた蛇や半人半ジャガーなど超自然的な動物・人物、神々、それから神格化された王や貴族などがあげられます。

後250〜900年頃のマヤ地域で建立された石彫には、人物だけでなく、文字や暦を用いて、王の名前、即位、結婚などの事績が碑文として刻まれました。また王朝間の戦争や捕虜獲得の様子、踊りや放血儀礼の様子など、具体的な情報も提供してくれます。他方、メキシコ中央高原に栄えたテオティワカンでは、特定個人や事績を表象する石彫文化は発達しませんでした。

石彫は、公共建造物の周囲や公共広場など、人の目に触れやすい空間だけではなく、一部の限られた人々のみアクセスのできる空間にも設置されました。建造物や広場の中心軸などに石彫が設置されることから、都市空間や天体などを意識して設置された可能性があります。

メソアメリカ考古学における石器使用痕研究の第一人者である青山和夫さんの研究によれば、マヤ地域では支配層であり書記でもあった彫刻家が石斧を使って石彫を製作していたようです。石斧の石材は、ヒスイなどの緑色の石でした。古代メソアメリカの世界観では、緑は世界の中心を示す色です。完成された石彫だけではなく、石材†選びから運搬、使う道具、製作、建立の過程も含めて、社会的・象徴的意味が付与されたのでしょう。

王や貴族の事績が刻まれた石碑は、時には破壊の対象ともなりました。自分にとって不都合な歴史を葬りさるためでしょうか。または王や貴族の権威が失墜したのでしょうか。オアハカ太平洋岸のリオ・ビエホ遺跡では、庶民が住居の一部として石碑の破片を使用していた事例もあります。

†石材は玄武岩、石灰岩、安山岩などさまざまである。サン・ロレンソの巨石人頭像の製作に使われた玄武岩は直線距離で約60キロメートル離れた原産地から搬入された。

サポテカの石彫

オアハカ地域に栄えたサポテカの石彫は、支配層の姿と文字が刻まれている。祖先とのつながりなど系譜を強調し、権力の正当化に利用したようである。

⑦モンテ・アルバンの南の大基壇に埋め込まれた石碑（古典期前期）。サポテカ文字（左）、後ろ手に縛られた豪華な頭飾りと動物の顔をもつ人物（中央）、貴族または王と考えられる人物（右）が描かれている。

⑧「ポサワンコ」と呼ばれる巻きスカートを身に着けた石彫（リオ・ビエホ遺跡、後古典期前期）。ポサワンコは現在もオアハカ地域の先住民族の間で使用されており、歴史的連続性を示す重要な資料。

アステカの石彫

マヤの諸王のように個人や事績が刻まれるのではなく、神話や暦と関連するさまざまな石彫が作られた。主都テノチティトランの大神殿の正面や周辺などに置かれた。

⑨アステカの石彫を代表する「太陽の石」（直径約3.6m、重量約24t）。中央に大地の神トラルテクートリと4つの太陽、そのまわりに260日暦を構成する20の日を示す図像があり、その外側にある8つの三角形は方角を示す。一番外側には一対の火の蛇シウコアトルが描かれており、365日の長期暦と260日の短期暦の組み合わせが一巡する52年周期におこなわれる「新しい火」の儀式と関連しているとされる。

テオティワカンのモザイク石彫

メソアメリカ最大の都市テオティワカンでは、マヤ地域のような石碑はないが、建造物全体をキャンバスとして、壁面や柱に石のブロックを埋め込み、宗教的世界を表現している。

⑩羽毛の蛇神殿に埋め込まれたモザイク型の石彫（古典期前期）。垂直の壁に、四角い頭飾りをもつやや幾何学的な石彫が神獣シパクトリで、より具体的な姿で表現されているのが羽毛の蛇とされる。

08 メディアとしての石彫

メソアメリカ文明では、時期や地域を超えて、さまざまな石彫文化が開花した。公共建造物の正面、広場などにおもに建立され、そこで儀礼などがおこなわれた。石彫は、その当時の最も重要であった情報、知識、物語、技術を伝えるメディアであった。

オルメカの石彫

先古典期前期から中期にかけてメソアメリカ最初の石彫文化を築いたオルメカ。立体的かつ具体的な表象が特徴で、巨石人頭像や玉座（16項参照）など大型のものが多い。出土状況が不明なものも多いが、公共建造物近くに置かれたようである。

①半人半ジャガーの石彫（サン・ロレンソ遺跡）。頭部の割れ目はトウモロコシの穂軸、ひしゃげた口と牙はジャガー、身体は人間が表現されている。

②ネコ科の動物石彫（サン・ロレンソ遺跡）。空から舞い降りてきた人物を支える（または襲う）ネコ科の動物が表現されている。

③人物石彫（サン・ロレンソ遺跡）。ふんどし、胸飾り、足飾りを着け、片膝をつく。肩の部分に穴があり、腕が装着されていたと思われる。

マヤ高地と低地の石彫

マヤの石彫文化は、神々・祖先と為政者個人の関係を示し、権力の正当化や強化をはかる目的で発達した。おもに公共建造物や広場に建築方位軸などを意識して、祭壇石とセットになって建立されることが多い。

④豪華な衣装を着て、両手に儀器をもつ人物（拓本、カミナルフユ遺跡、先古典期後期）。

⑤「18ウサギ」王の名で知られるコパン王朝第13代王ウワシャクラフン・ウバフ・カウィールの石碑（古典期後期）。立体的で側面や背面に文字が刻まれている。

⑥「蛇王朝」として知られるカラクムルのユクノーム・トゥック・カウィール王が後731年に建立した石碑（古典期後期）。

09 洗練された文字体系と暦

メソアメリカ文明は、アメリカ大陸の諸文明の中で最も高度に文字と暦を発達させました。公共建造物を造り、石などに世界観を表現するようになってしばらくすると、文字や暦を用いて事績を記録・伝達するようになりました。現代では、市井の人々がＳＮＳなどで、さまざまな情報や知識を発信・保存できますが、古代社会では限られた人々が文字をあやつり、個人や王朝の偉業や歴史を暦とともに記録しました。つまり、文字は政治的な道具でもありました。

メソアメリカ全体で共通する言語や文字はありませんでした。現在も推定１７０万人の話者がいるナワトル語†が、後古典期には広範囲にわたり使用されていたといわれていますが、地域や時期により、さまざまな言語や方言が話されていたようです。

メソアメリカ文明の文字の起源は、紀元前１０００～８００年頃にさかのぼるとされます。メキシコ湾岸にあるカスカハル遺跡で出土した小型の石板に描かれた62の文字がその証拠です。ただし、その詳細は不明です。現在、解読の成功している最古の文字は、オアハカ地域のサン・ホセ・モゴテ遺跡の3号石彫に刻まれた「一の地震」というサポテカ文字です。この文字は２６０日暦の日付を示しています。出土状況から前７００～５００年頃と考えられています。ただし、数字以外の内容はよくわかっていません。数字は20進法が基本で、1が丸点、5が棒で表現されます。マヤ文字

†ユート・アステカ語系の言語で、スペインによる征服直前までリングア・フランカ（共通語）として機能していた。北は現在のアメリカ南西部、南は現在のパナマ付近まで話されていたようである。

では様式化された貝の表現がゼロを示しました。

メソアメリカではおもに三つの暦を組み合わせて使いました。一つめは、長期暦といわれるもので、約5125年で一巡する循環暦で、5つの単位の組み合わせ†で表現されます。二つめは、260日暦です。数え方の基本である20の日の名前、天上界に宿る神の数を示す13の数字が組み合わさった暦です。三つめは、365日暦です。1カ月20日の月が18カ月あり、さらに5日しかない19番目の月がつきます。

メソアメリカ文明の中で文字や暦の研究が最も進んでいるのが、マヤ文字です。後250〜900年にマヤ低地の諸都市において石碑建立ブームが起こりました。代表的なものとして、後378年に西方からの偉人がマヤ低地のティカル†に到来するという記録が残された「石碑31」があります。長年ライバルであったカラクムルとの戦争記録も多く残されました。カラクムルの同盟国であったカラコルの「祭壇21」には、後562年にカラクムル王がティカル王を捕獲・処刑したことが述べられています。ティカルはその後、暗黒時代に突入しました。

碑文に残された記録は王の記録だけではありません。塚本憲一郎さんが、エル・パルマール遺跡でみつかった碑文の階段を解読したところ、ラカム(旗手)という称号をもつ王に仕えた役人が、ティカル王朝に対抗するカラクムル王朝の庇護を受けて、同盟を結ぶために直線距離で約350キロメートルも離れたコパン王朝を訪れたことがわかっています。

このように文字や暦の記録を残す地域もあれば、テオティワカンのように文字や暦を使った表現をあまりしなかった地域もあります。しかし、文字や暦の知識がなかったわけではなく、テオティワカンの都市設計†には至る所に暦の知識が埋め込まれていました。

†その単位はつぎのとおり。1日=キン/20キン(20日)=ウィナル/18ウィナル(360日)=トゥン/20トゥン(7200日)=カトゥン/20カトゥン(14万4000日)=バクトゥン。

†ティカルとカラクムルについては、44頁脚注を参照。

†テオティワカンの主要建造物の一辺の長さなどは、約83センチメートルを基本単位として割り切れるという。たとえば、テオティワカン最大の「太陽のピラミッド」の底辺の長さは基本単位の260倍で、260日暦と関連しているとされる。

石碑が語る事績

ティカル遺跡石碑31号の碑文の解釈によれば、後378年にシフヤフ・カフクと呼ばれる人物が西方からティカルに到来する頃と同時に、それまでティカルを統治していたチャク・トゥク・イチャーク王が死去し、その1年半後にヤシュ・ヌーン・アイーンI世王が即位する。石碑31号は、その息子であるシフヤフ・チャン・カウィール2世が父親から王位継承する場面が描かれている。この378年事変後、ティカルはマヤ諸都市の政治的関係に新秩序をもたらす有力王朝として覇権を握るようになる。

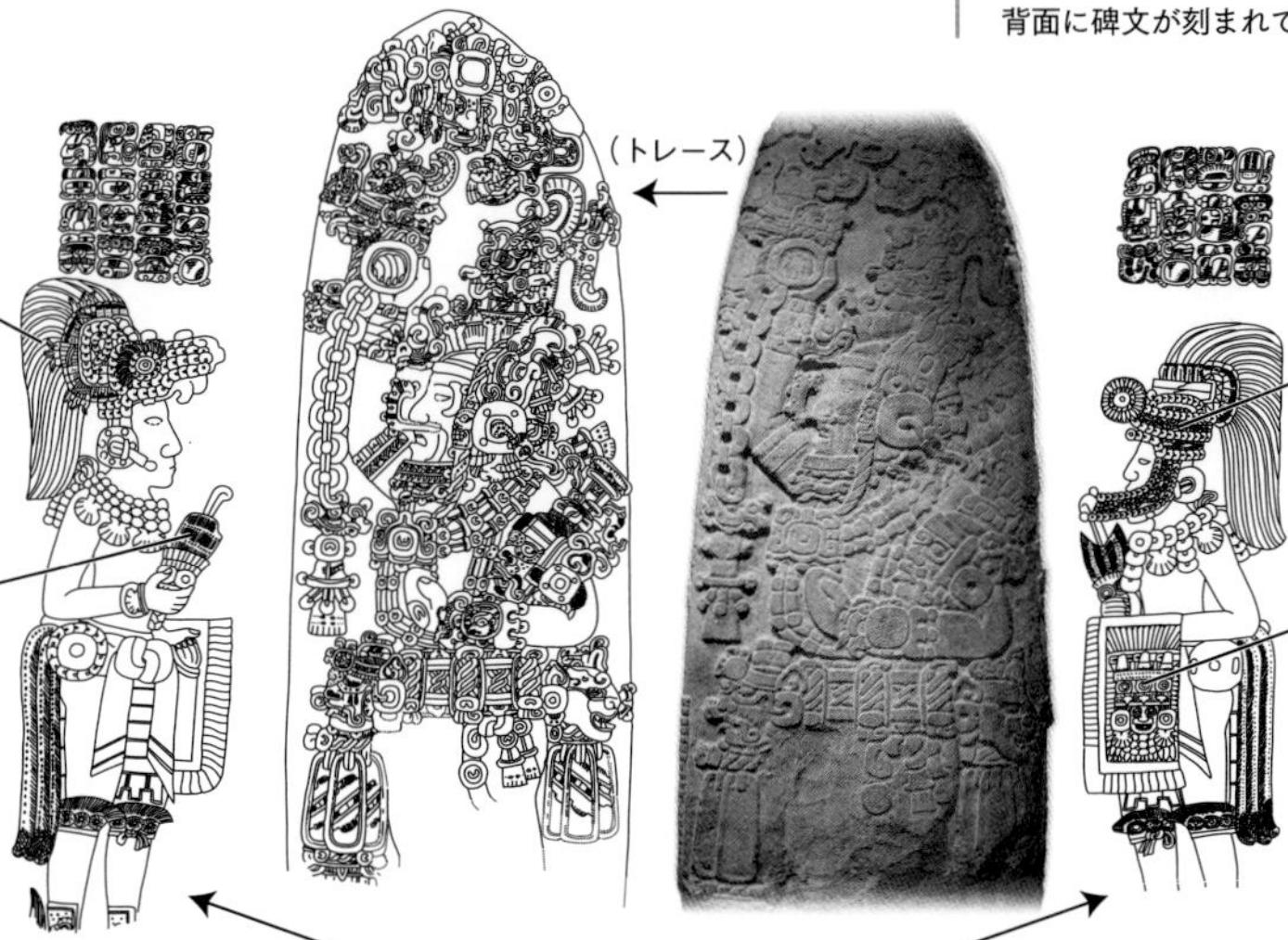

⑤**石碑31号：**側面に2人の人物と碑文、背面に碑文が刻まれている。

ティカル王朝の暗黒時代の突入を記した祭壇

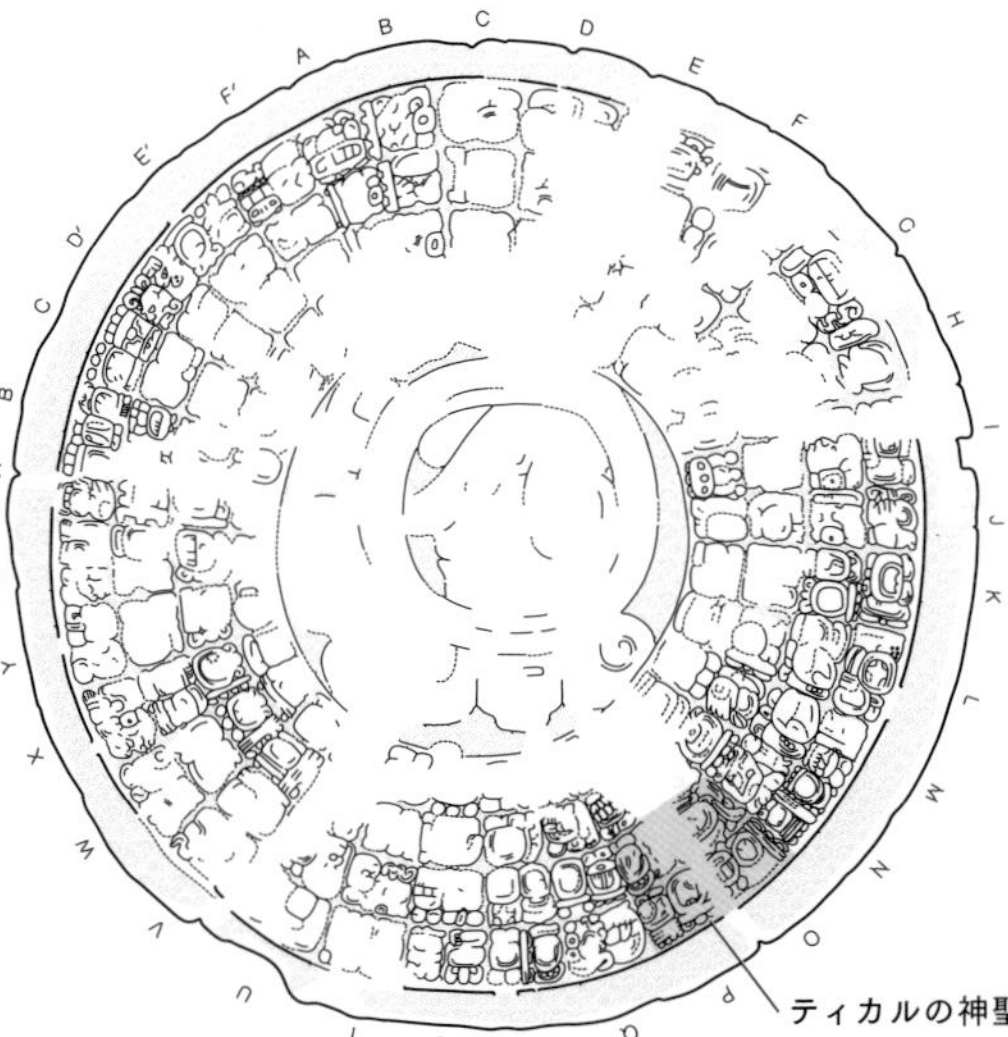

⑦**カラコル遺跡祭壇21号：**378年事変以後、マヤ低地南部で一大勢力を築いたティカルだが、後562年にライバルであったカラクムルの蛇王朝（またはカン王朝）の「空の目撃者」という名で知られる17代王がティカルの21代王ワック・チャン・カウィール王を捕獲・処刑したことが記されている。

紋章文字

⑥ティカルやパレンケといった50以上のマヤ諸都市で確認されている。ある都市の称号が他の都市で記された場合、両者に何らかの関係（出自、婚姻、戦争、同盟など）があることが示唆される。

暦が埋め込まれた都市

⑧マヤ低地北部のチチェン・イツァ遺跡のエル・カスティーヨの基壇の四面に各91段の階段（364段）があり、最上部にある神殿に上がる階段1段とあわせて、計365段になる（古典期終末期）。

09 暦にもとづく生活と文字

日本人の多くが干支や六曜を意識して日常生活を営んでいるように、メソアメリカの人々の世界にも複数の暦が存在し、日々の生活に加えて、儀礼や戦争などの特別なイベントがおこなわれた。マヤ地域では王の即位や戦争などの重要な事績を石碑に記録し、権力の正当化や強化をおこなった。

マヤの数字

①様式化された貝がゼロ、点が1、棒が5を表し、20進法を使った。

神聖暦：260日暦

②20個の各日を示す記号のような文字が各地で発達した。この暦の起源は前1000年頃までさかのぼる可能性が指摘されている。

マヤ文字の「アハウ」。「王」という意味もある。

サポテカ文字の「チリャ」。「ワニ」に相当する。

アステカ文字の「テクパトル」。儀礼用のチャートまたは黒曜石で表現される。

メソアメリカ最古級の長期暦の記録

③マヤ高地のチャルチュアパ遺跡で発見された長期暦7バクトゥンの石碑破片。7に続く数字がないため正確な日付は不明だが、おおよそ前300～後100年の間に相当する。7バクトゥンの日付をもつ石碑はメソアメリカでほかに6例しかない。

循環する暦

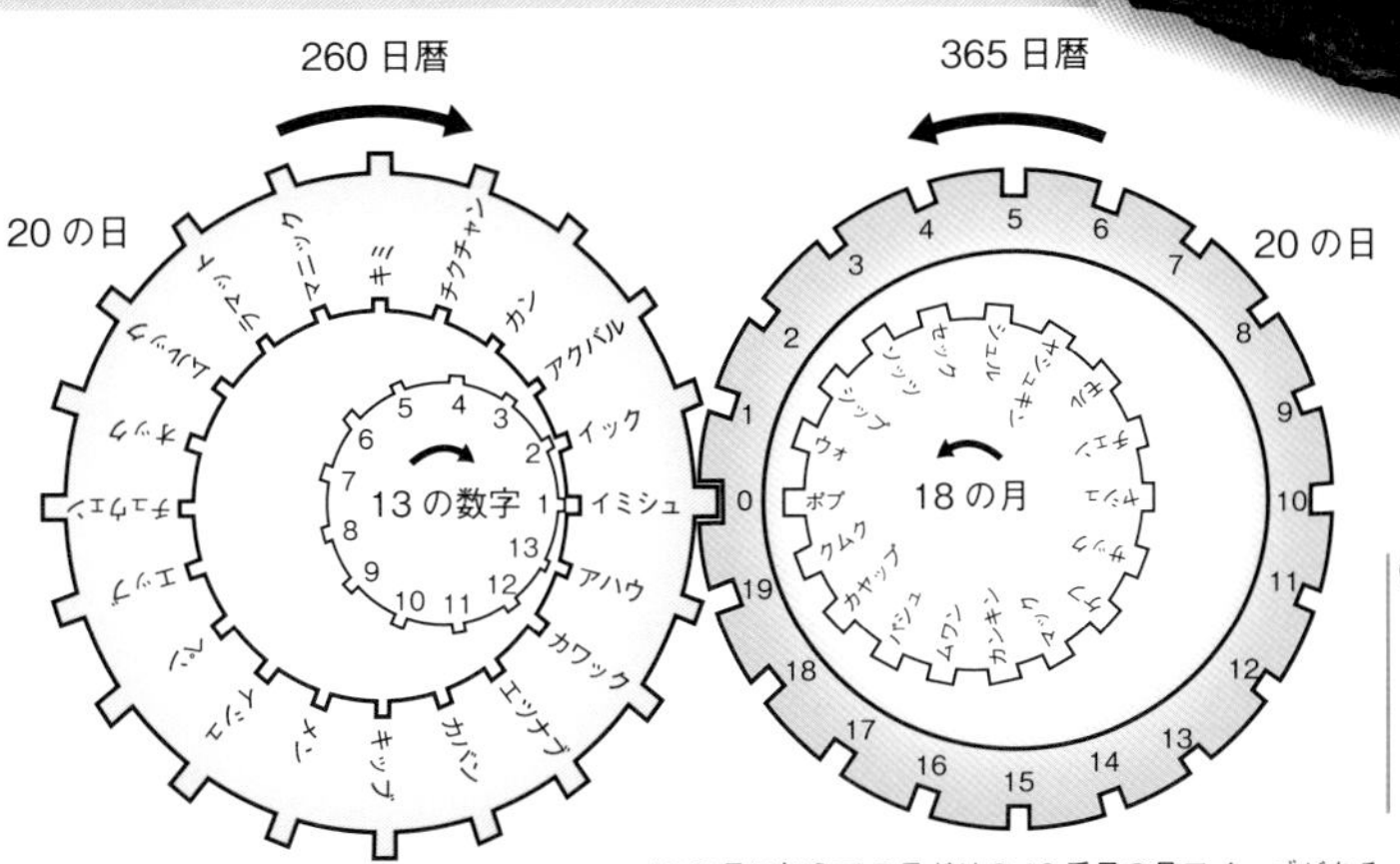

④260日暦（神聖暦）と365日暦（太陽暦）が必ず対になって表記され、約52年で一巡する。これをカレンダーラウンドという。この52年という数字は人の一生に相当するとされる。

＊18の月に加えて5日だけの19番目の月ワイェブがある。

マヤ暦のカレンダーラウンドの模式図。二つの暦が歯車のように循環しつづける。

10 にぎわう国際都市

メソアメリカ文明のいくつかの都市は、これまで考えられていた以上にさまざまな地域出身の人々が住まう国際都市であったことが最新の研究でわかってきています。

その代表例が、メソアメリカ最大の都市といわれるテオティワカンです。メキシコ市から北に約40キロメートルに位置するこの都市は、紀元後１〜１５０年頃から人口が急増し、最盛期の後３００年前後には、面積約20平方キロメートルにまで拡大し、人口約8万人を擁しました。南北に走る死者の大通りを中心として、太陽のピラミッド、月のピラミッド、羽毛の蛇†の神殿など巨大な公共建造物があり、その周囲には２０００を超えるアパート式住居が広がっていました。

テオティワカンには、ヒスイ、黒曜石、海産貝、土器などの工芸品や資源、さらにはサルなどの動物までもが遠方から搬入されました。こうした状況は、テオティワカンの人々が広範な遠距離交易網を有しており、さまざまな地域から物資が運ばれたことを示しています。

しかも、たんに物資が搬入されただけではありません。テオティワカンの都市内部には、他地域出身者、つまり移民が住んでいた街区もありました。都市の西に位置する「オアハカ地区」です。オアハカ地区の居住者は、テオティワカン式の生活に順応しながら、自分たちの伝統も踏襲しました。たとえば、多くの実用土器は、オアハカの伝統を継承しながらテオティワカンで作られました。

†羽毛の蛇は、マヤ地域ではククルカンまたはグックマッツ、メキシコ中央高原ではケツァルコアトルとも呼ばれ、メソアメリカの重要な生き物であり、風と豊穣の神様として時間・地域を超えて信仰された。くわしくは14項を参照。

また、テオティワカンに特徴的な建築様式である「タルー・タブレロ」様式†の建造物を建てる一方で、床下には墓室を設置するというオアハカ地域で特有の墓制を継承しました。

杉山三郎さんと杉山奈和さんらの調査団は、死者の大通りをはさんで太陽のピラミッドの反対側にある「石柱の広場複合体」と呼ばれる地区の発掘調査によって、マヤ様式の壁画片などを発見しています。これは、マヤ地域の支配層がテオティワカンに居住し、テオティワカンの政治に大きな影響を与えていたことを示唆しています。

こうした考古学的な情報に加えて、近年では、古人骨に含まれる安定同位体を調べることで人々の移動や都市の国際性に関する仮説が裏づけられ、刷新されています。

マヤ地域の芸術の都とも称されるコパンで実証された画期的な研究について紹介しましょう。マヤ南東地域に位置するコパンは、後４２６年に王朝が創始され、以後４００年間、16代にわたる王朝史が詳細に記録されています。

中村誠一さんと鈴木真太郎さんらによる研究によると、ヌニェス・チンチージャ地区と呼ばれる住居群の発掘調査で出土した古人骨の安定同位体分析の結果、この住居群に住んでいた人々の半分が在地民、そしてもう半分がマヤ低地などからのコパン以外の出身者、つまり移民であったのです。

鈴木さんは、居住の形態、埋葬の方法、副葬品の組み合わせなどの考古学的証拠と突き合わせ、さらに興味深いことを明らかにしています。先のテオティワカンのように移民は特殊な地区に固まるのではなく、移民が在地民と住居を共有し同一世帯として暮らしていたというのです。移民と在地民が排他的に交わるのではなく、友好的に交わり、マヤを代表する都市はできあがっていたことを示しています。これは現代社会における移民問題についても示唆に富む結果といえましょう。

†スペイン語で、タルー（Talud）は「傾斜壁」、タブレロ（Tablero）は「垂直壁」を意味し、この傾斜壁と垂直壁を組み合わせた建築様式をいう。

メソアメリカ最大の国際都市、テオティワカン

①メソアメリカ各地から人が集まり、さまざまな物が流通し、情報や知識が共有された。移民は、都市内部の特定の区画に住まい、在地民とともに交流した。

いくつもの渦巻き文様が装飾されたメキシコ湾岸の特徴をもつ土器。

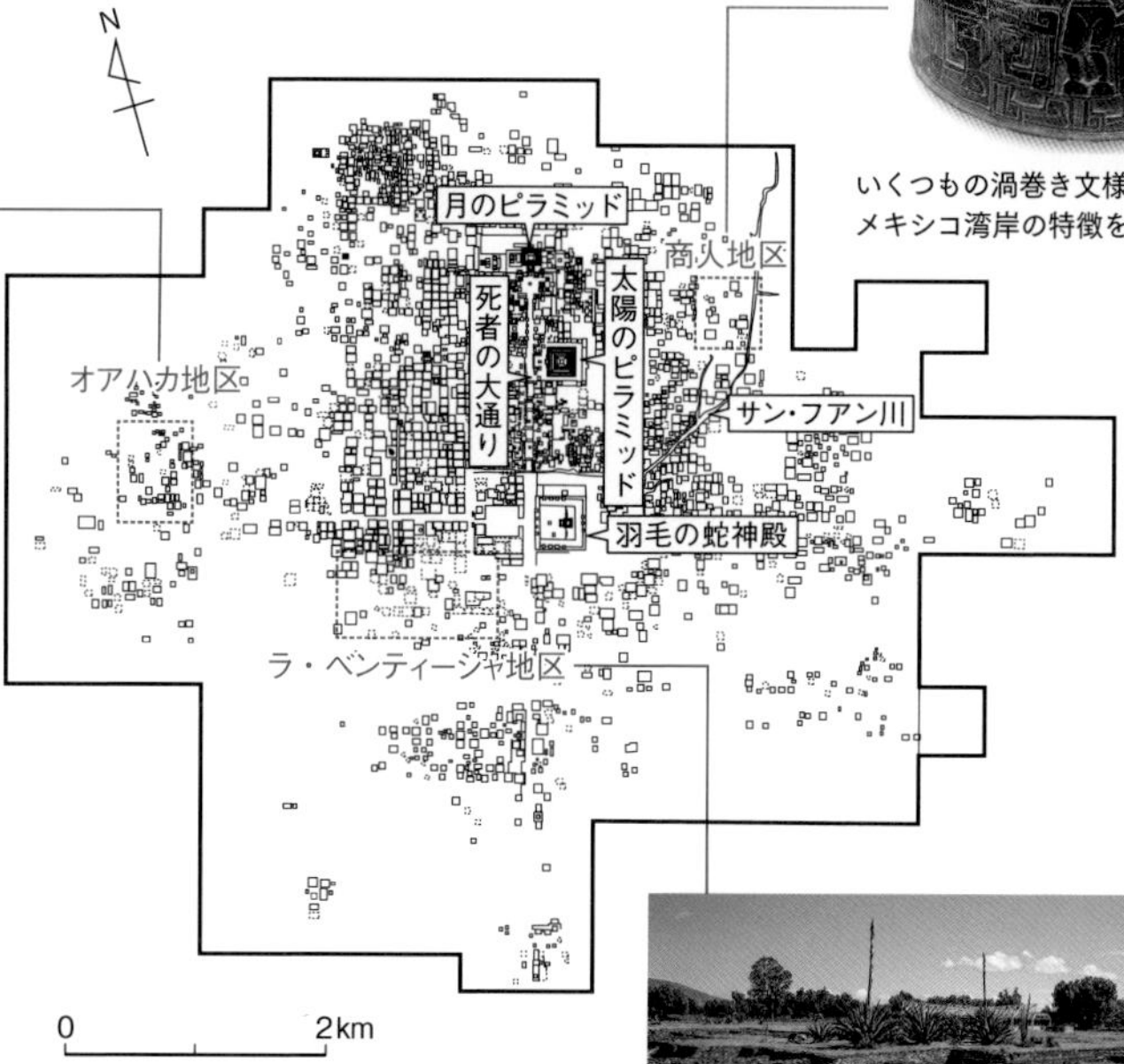

オアハカ地区から出土したオアハカ様式の神を形象した骨壺（上）とサポテカ文字で移動と9という数字が刻まれた石碑（下）。

いくつもの部屋の集合からなるアパート式住居には多くの人々が住み、日常生活、工芸品の製作、儀礼などをおこなっていたとされる。

絵文書に記されたミシュテカの「8の鹿王」の征服物語

後古典期に描かれた絵文書は人の移動、移住、征服といった歴史を知る手がかりとなる。オアハカ地域の北西山間部から太平洋岸にかけて、後古典期に栄えたミシュテカ文化の代表的な王、「8の鹿王」は偉大なる戦士として、領土を拡大し、太平洋岸にトゥトゥテペック王国を成立させた。

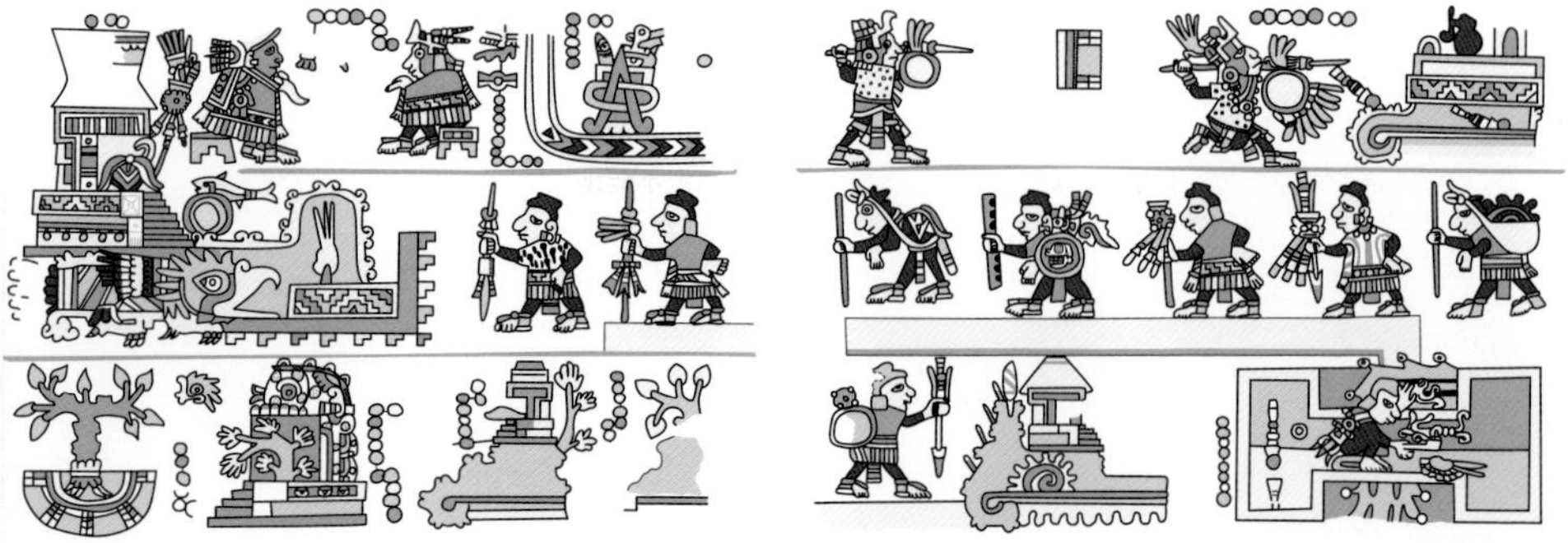

⑤ナットール絵文書のひとこま（下段左から右に読む）。チャルカトンゴで授かった聖なる授け物をもって、8の鹿王が、球技場（下段・右下）で儀式をおこなったのち、7人の従者（中段の7人）とともにトゥトゥテペックにて即位の儀式をおこなった（中段・上段の左）。そして、さらなる権力強化を目的に、各地の征服を開始した（上段・右上）。

10 故郷を離れ、移動する人

人が移動した痕跡は、建築、遺物、図像などの物質的証拠や骨から追跡することができる。近年の研究では、メソアメリカ文明の諸都市は、これまで考えられていた以上に在地民と移民がともに暮らした異種混合の空間であったようである。

②テオティワカンの景観（南から）

古人骨の理化学分析から探る人の移動

ヒトを直接分析することができるため、より具体的に人の移動や移民の有無を検証することができる。特に安定同位体やゲノム解析による研究は、新しい知見を私たちに提供してくれる。

③コパン王朝の初代王ヤシュ・クック・モ王の塑像。この初代王と思われる古人骨の理化学分析では、コパン在地の人ではなく、マヤ低地出身であったことがわかっている。

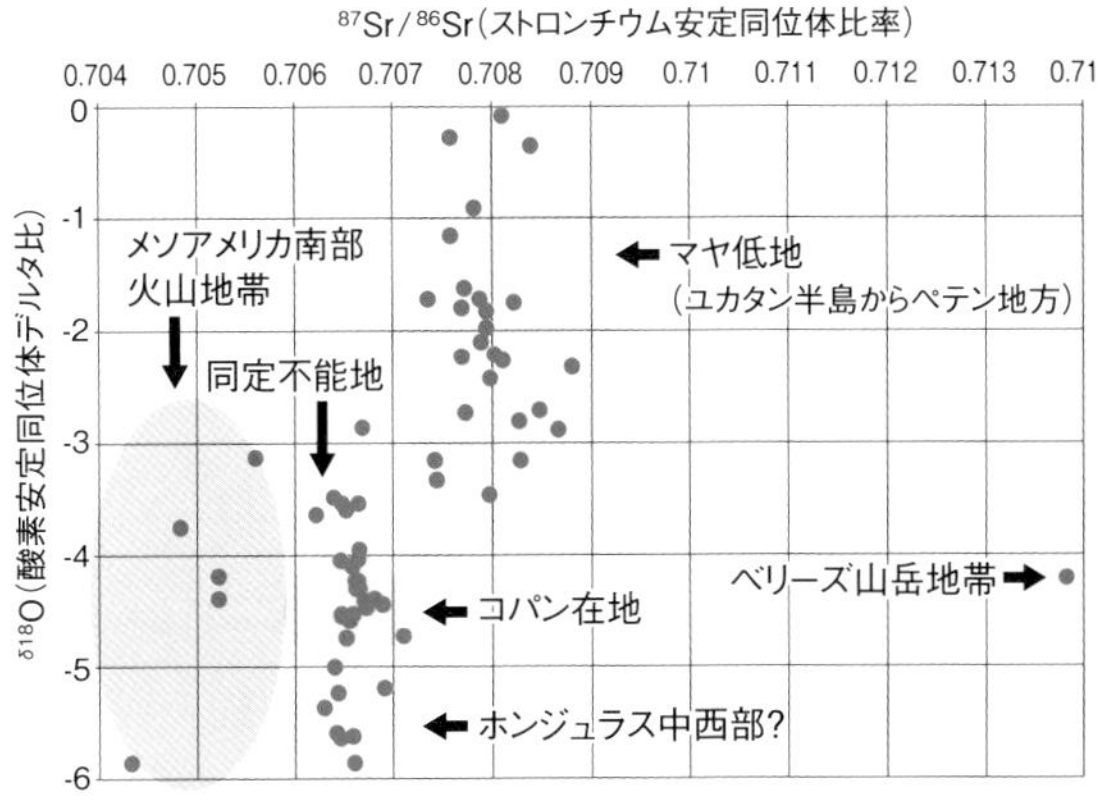

④コパン遺跡ヌニェス・チンチージャ地区出土人骨の安定同位体分析結果。在地民と移民が共存していたことを示す。

11 都市間の攻防

　メソアメリカでは、少なくとも紀元前8世紀頃から戦争、権力闘争の存在を示唆する証拠[†]が認められます。その後、おおよそ後２５０～９００年頃、定住農耕社会が確立し、都市の建設や石彫の建立が進む「古典期」と呼ばれる時期は、戦争を示す証拠が顕著になります。

　戦争の存在を雄弁に語ってくれる資料が、石碑、壁画、絵文書に描かれた図像や文字資料です。石槍や石鏃などの武器、殺傷痕跡のある人骨、建造物の破壊の痕跡なども重要な証拠とされています。メソアメリカの諸都市は、防御が薄いといわれてきました。しかし、近年、最新の航空レーザー測量技術によって、マヤ地域において数々の防塁・防壁がみつかっています。考えられている以上に争いが常態化していた可能性があります。

　メソアメリカ文明の戦争の性格や戦争が都市の盛衰に与えた影響についてはさまざまな議論があります。戦争が社会統合を促す契機になる場合もあれば、逆に分断や崩壊の火種にもなりました。どちらにしても、戦争の記録を石碑や壁画などで意図的に残していることから、当時の社会にとって戦争が重大な出来事であったことはまちがいないでしょう。

　マヤ地域は、マヤ低地南部の古典期を代表する両雄ティカル[†]とカラクムル[†]の戦争をはじめとして、都市間の攻防が激しかった地域です。政治的な同盟や政略結婚もあったようです。また、後７３８

†マヤ低地南部のセイバル遺跡から出土した戦争捕虜の生首を表象したとされる貝製装飾品がその証拠と考えられている。

†ティカル遺跡は、グアテマラのエル・ペテン県にある前８００年頃から後９００年頃まで栄えたマヤ低地南部を代表する大都市遺跡。巨大な神殿ピラミッド群から「マヤ文明のニューヨーク」ともたとえられる。世界遺産。

†カラクムル遺跡は、メキシコのカンペチェ州にある前４００年頃から後９００年頃まで栄えたマヤ低地南部を代表する大都市遺跡。古典期に

年には、マヤ南東地域の大都市コパンの王が、コパンに政治的に従属していたキリグア†の王によって斬首されるという下剋上もありました。

マヤ地域の戦争は、おもに支配層間の戦いといわれています。とはいうものの、ヤシュチラン†やチチェン・イツァ†の壁画が示すように、支配層だけではなく、庶民もかなり参加していたようです。武器は、古典期後期までは石槍が主で、それ以降、投槍器や弓矢なども加わります。

石碑や壁画には、高貴な人物が武器や盾などをもった戦士として、みじめな恰好や裸にさせられた捕虜とともに頻繁に描かれます。捕虜は、労働力として捕らえられる場合や、神への捧げものとしても供されました。捕獲する人物が高貴であればあるほど、捕獲者の評価は高まり、また王朝の行く末も左右しました。この点で、戦争は儀礼の一種であったともいえます。この捕虜の獲得を目的とする戦争は、地域や時期を超えてメソアメリカの広い範囲で確認できることも特徴です。

古典期後期から終末期にかけては、たんに捕虜の獲得を目的とするだけではなく、都市を徹底的に破壊する全面戦争も起こりました。この全面戦争が起きた理由は、戦争の繰り返しによって、しだいに過激化していったからかもしれませんし、気候変動による作物の不作などで食糧が不足し、社会全体にストレスが蓄積していったからかもしれません。

古代文明における典型的な戦争イメージとして、資源の奪い合いや領土の拡大があげられますが、軍事的に広域を支配する帝国のようなものは、メソアメリカには出現しませんでした。この背景には、メソアメリカの人々の考え方もあると思いますが、多様な自然環境による地理的制約、主要な利器として青銅器や鉄器が発達しなかったこと、馬などの長距離移動を可能にする動物の不在などが関係していると思われます。

は「蛇王朝」としても知られ、ティカルのライバルとして広範に影響力を誇った。世界遺産。

†キリグア遺跡は、グアテマラのイサバル県にあるマヤ低地南東部の都市遺跡。高さ10メートルを超える石碑群が有名。世界遺産。

†ヤシュチラン遺跡は、メキシコのチアパス州を流れるウスマシンタ川を見下ろすことのできる丘陵に位置する都市遺跡。メソアメリカ最多の64のまぐさ石が有名で、他都市とくらべて女性の図像が多いのも特徴。

†チチェン・イツァ遺跡は、メキシコのユカタン州にあるマヤ低地北部を代表する都市遺跡で、後７００頃から１０００年頃にかけて最も栄えた。エル・カスティーヨや大球技場、天然の泉セノーテなどが有名。世界遺産。

繰り広げられた集団戦

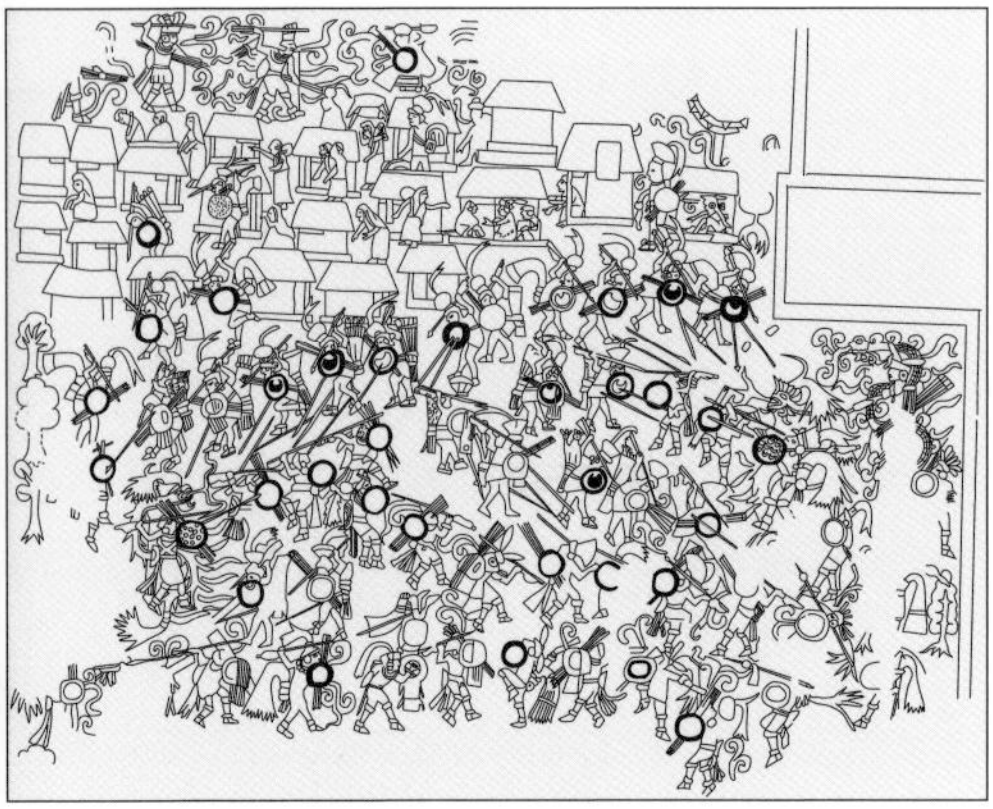

④マヤ低地北部のチチェン・イツァのジャガー神殿に描かれた壁画（トレース、古典期終末期）。マヤの戦争は支配層の戦争というイメージが強いが、実際の戦争には多くの人が参加する場合もあったと思われる。図中の○は盾、人々が持っている棒状の道具が投槍器である。

⑤植民地時代初期に描かれたメンドーサ絵文書：上段は夜半に奇襲攻撃をする準備の様子、中段は会合の様子、下段は最高位の戦士たちが描かれている。

組織化されたアステカの軍事組織

アステカの軍事力はメソアメリカ随一を誇った。組織は階層化されており、階層のちがいによって戦闘服や武器の質が異なる。戦闘服は動物の皮や羽で作られており、超人間的な力が得られると信じられていた。

⑥アステカの主都テノチティトランの大神殿でみつかった「鷹の戦士」。

じつは「弱い武器」だった？

メソアメリカにおける武器は、黒曜石やチャートといった石材で製作された。そのため、鋭利とはいえ、さほど殺傷能力が高くない「弱い武器」であったと考えられている。石槍や投槍器が中心で、そのほか弓矢や棍棒などがある。

⑦

⑧

⑦マヤ低地南部のリオ・アスル遺跡から出土したチャートと黒曜石製の石槍（古典期前期）。

⑧メンドーサ絵文書に描かれた弓矢と盾を持ってメシーカ人を襲撃しようとする地方のリーダー。

11 戦争からみえる政治・社会・生活

メソアメリカでは、地域や時代を超えて、戦争に関連する図像や文字記録が石碑、壁画、絵文書などに残された。これらの戦争の証拠から、当時の都市間の政治的関係、社会階層、生活などに迫ることができる。実際の戦いでは、おもに石槍や投槍器が使われた。

戦勝記念が刻まれたマヤの石碑

①マヤ低地南部の都市ヤシュチランの石碑15号に描かれた、石槍と盾を持つイツァムナーフ・バフラムIII世（通称、盾ジャガーII世）と、捕獲された別の王朝の王（古典期後期）。

斬首された捕虜の石彫

②マヤ低地南部にあるトニナ遺跡でみつかった。

さまざまな地域・時代に共通する戦争捕虜の表象

イサパ遺跡の石彫
（先古典期後期）

ヤシュチラン遺跡の壁画
（古典期後期）

ミシュテカの絵文書
（後古典期後期）

アステカの絵文書
（後古典期後期）

③豪華な衣装を着て武器を持った人物が、もう一方の人物の髪の毛を持っている（トレース）。

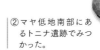

12 混迷の時代から生まれた新興勢力

紀元後６００～１１００年頃は、メソアメリカ文明の動乱期です。それまで広範囲に影響力を有していたテオティワカン、モンテ・アルバンに加えて、ティカルを含むマヤ低地南部の諸都市がしだいに瓦解していくからです。

「古典期社会の崩壊」と呼ばれるこの現象のおもな要因としては、人口過剰、人為的な環境破壊、干ばつを含む気候変動、戦争の激化、交易網の変化などがあげられます。ただし、これらのどれかが決定的な要因になったというよりは、複雑に絡み合った現象であり、地域によって多様であったと考えられています。また、「崩壊」と聞くと、崩壊の前後で文化や社会の断絶があったようにも思うかもしれません。しかし、突出して求心力のあった政治組織や都市が瓦解したものの、それまでの文化的伝統や観念体系は継承または刷新されました。そして政治組織が再編されながらも、各地で新興勢力が台頭しました。

メキシコ中央高原では、ソチカルコ†やカカシュトラ†といった都市が築かれました。在地の伝統とマヤ地域やメキシコ湾岸の影響を受けた折衷的な芸術様式が特徴です。これはテオティワカン崩壊後の社会秩序を再編するための試行錯誤だったのでしょう。

そうした中、メソアメリカ屈指の都市として栄えるのがトゥーラです。トゥーラは、メキシコ市

†ソチカルコ遺跡は、メキシコのモレーロス州にあり、後６５０～９５０年頃に栄えた都市遺跡。羽毛の蛇神殿が有名。世界遺産。

†カカシュトラ遺跡は、メキシコのプエブラ州にあり、先古典期中期・後期から居住があるが、後６５０～９５０年頃に最も栄えた。大基壇の上に建てられた公共建造物群に描かれた壁画群が有名。

の北西約80キロメートルに位置し、都市の中心部には、多柱回廊の建造物、高さ4メートルにも達する戦士の石柱をもつ建造物、球技場などが、大広場をかこむように建設されました。全盛期には人口6万人ほどに達したようです。「トルテカ様式」と呼ばれる石彫や建築の芸術様式が地域を越えて広がることから、これまで以上に地域間の交流が活発になったようです。

　このトゥーラの影響が色濃くみられる都市のひとつが、トゥーラから1000キロメートル以上も離れているマヤ低地北部に栄えたチチェン・イツァです。多柱回廊をもつ建造物、生贄の儀式などを執行するためのチャック・モールの石彫、頭蓋骨の石彫を陳列するツォンパントリなどがその証拠といわれています。チチェン・イツァには他にもメソアメリカ最大の球技場、戦争などが描かれた壁画があるジャガーの神殿、そして春分と秋分の日に光の加減で羽毛の蛇の影が現れるエル・カスティーヨなど、大型でかつ当時の芸術の最高傑作が反映された建造物が建てられました。

　このように外部の強い影響がうかがえる都市もある一方で、マヤ低地北部では、それ以前の文化的要素も継承しながら、革新的な建築様式をもつ諸都市が建設されました。加工した切石を緻密に組み合わせた幾何学的なモザイク装飾で有名なプウク様式は、ウシュマル†を中心に発達しました。さらに、宮殿建築の上に高い塔を造るリオ・ベック様式、建造物の正面入口を怪物の口としそのまわりをモザイク石彫で飾るチェネス様式があります。

　以上の諸都市の他にも、壁龕《へきがん》のピラミッドなど独特な建築様式で有名なエル・タヒン†、メソアメリカ最多の27の球技場をもつカントナ†など、特徴的な諸都市が興隆するのも、動乱期の特徴です。またマヤ高地やオアハカ地域では山上都市が増え、各地に小王国が興り、同盟や分裂が繰り返されていた時期でもあります。

†ウシュマル遺跡は、メキシコのユカタン州北西部に位置し、後750〜950年頃にかけて栄えた都市遺跡。「総督の館」「尼僧院」「魔術師のピラミッド」などプウク様式の傑作が建ち並ぶ。世界遺産。

†エル・タヒン遺跡は、メキシコのベラクルス州にある後800年頃〜1200年頃まで栄えた都市遺跡。独特な建築様式のほか球技に関する図像が有名。世界遺産。

†カントナ遺跡は、メキシコのプエブラ州に位置し、後600年頃〜1000年頃にかけて最盛期を迎えた都市遺跡。

マヤ低地に花開いた独特な建築様式

マヤ低地南部の諸都市が衰退し、マヤ低地北部の都市が栄え、各地に独特な建築文化が開花した。

⑦**ウシュマル遺跡の尼僧院と呼ばれる建造物**：壁面を飾る幾何学文様や神像が特徴的なプウク様式。

⑧チカンナ遺跡の2号建造物の正面入口。複雑なモザイク石彫で飾るのが特徴である。天空と大地の神イツァムナーフを表現しているとされる。

⑨カバフ遺跡の神像を表現したモチーフ。

⑩カバフ遺跡の持ち送り式のアーチ。

エル・タヒン遺跡の壁龕のピラミッド

⑪メキシコ湾岸北部に位置するエル・タヒン遺跡の壁龕のピラミッド。365の壁龕があるので、暦と関連していると考えられる。メソアメリカでも最も独特な建築といえる。まるで仏寺をみているような感覚になる。

球技場の都カントナ

⑫メソアメリカ文明で一遺跡最多の27の球技場をもつ（メキシコ中央高原）。

12 百花繚乱の時代を象徴する芸術・建築

複合的な要因から、それまでの大都市を中心とする秩序が瓦解することで、これまで以上に世界がつながった時代が後600～1100年である。さまざまな要素が組み合わさり独特な芸術や建築様式が各地で生まれた。

③

メキシコ中央高原の新たな都トゥーラ

テオティワカン崩壊の後にメキシコ中央高原の覇権を握った都市はトゥーラである。またカカシュトラやソチカルコのように、メキシコ中央高原とマヤの芸術様式の融合が各地にみられる。

①②多柱回廊と神殿ピラミッドが結合したトゥーラを代表する公共建造物：ピラミッドBの頂上には、高さ4.6mもある戦士の石柱が建てられた。同様の石彫や建築様式がマヤ低地北部のチチェン・イツァでもみられる。

③儀礼のための供物が捧げられたチャック・モール像

②

①

メキシコ中央高原とマヤの世界の融合

④

④カカシュトラ遺跡の建造物Aの壁面に描かれた「鳥男」：鷲の衣装を身に着けたマヤ的な人物がマヤ低地に特有の双頭の蛇の儀式棒を持ち、メキシコ中央高原の主神である羽毛の蛇の上に立っている。ジャガーの衣装を着た人物が対面にも描かれている。

⑤

⑥

⑤ソチカルコ遺跡の羽毛の蛇神殿のモザイク石彫：メキシコ中央高原的なタルー・タブレロ様式の建築に、羽毛の蛇とマヤ的な顔つきをしている人物が座っている姿（写真左下）が刻まれている。

⑥羽毛の蛇の石彫：マヤ低地北部のチチェン・イツァのエル・カスティーヨ神殿にみられるように、羽毛の蛇信仰を取り入れている。

13 アステカ王国の誕生

「岩場にサボテンが生え、その上で鷲が蛇をむさぼっている場所に都を定めよ」

　この守護神ウィツィロポチトリの神託にしたがって湖に浮かぶ小島に造られた街が、のちにアステカ王国の首都となるテノチティトラン（現在のメキシコシティの中心地）です。この街が造られたとされる紀元後１３２５年頃には、メソアメリカ各地に小王国が存在し、勢力争いを繰り広げていました。そうした中、メキシコ盆地では、後１４２８年にテノチティトラン、テツココ、トラコパン†が結託し、三都市同盟を築きました。これがアステカ王国の始まりです。

　この王国の中心地となったテノチティトランは、大神殿を中心に街路や水路が整備され、市場は多くの人と商品で賑わい、人口20〜30万人を擁する大都市へと発展しました。大神殿の中心には北側に雨・豊穣の神であるトラロック、南側には守護神であるウィツィロポチトリが祀られています。大神殿は神々の世界を象徴した聖なる場所であり、首と手足を切り離された月の女神コヨルシャウキや大地の主トラルテクートリの巨大石板も捧げられました。加えて、メソアメリカ各地から集められた大量かつ精巧な工芸品、ピューマ、ワニ、鷲などの動物も奉納されました。

　アステカ社会は、王を頂点とした、貴族と平民からなる階層社会でした。王は、アステカ王という唯一絶対の王がいたわけではなく、各都市に王がいて、各々が支配地を有していたようです。貴

†テノチティトランを建設したとされるメシーカ人は遠方から移住してきた集団と考えられている。このメシーカ人が移住する前からメキシコ中央高原にはさまざまな集団がおり覇権争いをしていた。テツココやトラコパンはそうした集団のひとつ。

族は行政官、神官、書記などがおり、エリートとしての必要な教育と待遇が施されました。一方の平民は、貴族層とは別の学校に通い、おもに戦士としての教育を受けました。平民は戦士として功績をあげれば、貴族に準じる地位に昇格することもありました。またポチテカと呼ばれる商人層は、王や貴族のためにケツァル鳥の羽、ジャガーの毛皮、ヒスイといった奢侈品の遠距離交易に従事すると同時にスパイとしても活躍しました。

アステカ王国の軍事力は強大で、メソアメリカ史上稀にみる広大な地域を支配したとされます。支配領域はメキシコ中央高原一帯だけではなく、北はベラクルス州、南はチアパス州におよびます。ただし支配領域といってもおしなべて全域を統治したのではなく、いくつもの空白地が存在しました。また、トラスカラ†やタラスコ王国†といったライバルの抵抗により支配がおよばなかった領域もありました。この背景には、戦争の目的が領土の占領ではなく、食糧、奢侈品、特産品などの貢納品や儀礼のための捕虜の獲得であったからかもしれません。

アステカ王国でも、他のメソアメリカの諸文化と同様に、日常生活と宗教は深く結びついていました。260日暦と365日暦を使用し、さまざまな周期に合わせて、神々へ供物を捧げる儀式、豊穣祈願の儀式、王の即位式などがとりおこなわれました。特に重要とされるのが、人身供犠で、絵文書には心臓を取り出し、太陽や神々に捧げる様子が描かれています。

アステカ王国のほかにも、オアハカ地域にはトゥトゥテペック†、マヤ高地にはウタトランやイシムチェ†などの小都市が存在し群雄割拠の様相を呈していました。そして、1519年、エルナン・コルテス率いるスペイン隊がメキシコ湾岸ベラクルスに上陸しました。約300年におよぶスペイン人支配の始まりです。

†トラスカラは、アステカ王国のお膝元であるメキシコ中央高原の一部を支配していた集団。アステカ王国に対抗し、支配下に入ることはなかった。後にスペイン人によるアステカの都テノチティトラン陥落に手をかしたといわれている。

†タラスコ王国は、メキシコ西部のミチョアカン州あたりに栄えた後古典期後期の王国。アステカ王国最大のライバルであった。美しい青銅・銅製の工芸品で有名。

†トゥトゥテペックは、ミシュテカ人の諸王の一人「8の鹿王」が築いたオアハカ太平洋岸の都市。

†ウタトランはキチェ・マヤ人、イシムチェはカクチケル・マヤ人によって建設された都市。現在も聖地として多くの先住民が訪れている。

アステカ王国の領土

アステカの支配領地は面的ではあれ、まばらであった。また軍事力に物をいわせるのではなく、各地の政治的状況や貢納品となる特産品などに応じてさまざまな戦略にもとづいて領域を拡大していった。

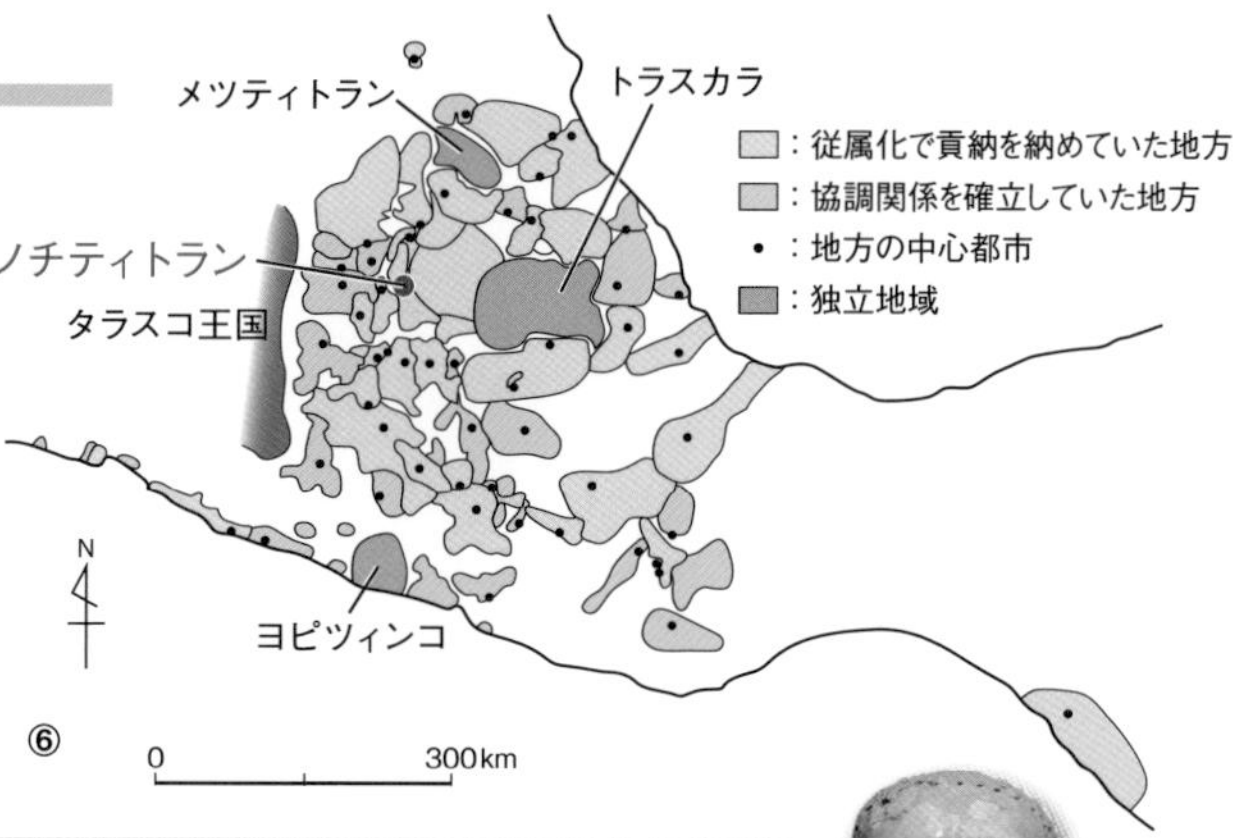

⑥

多様な神々が住まう都

アステカの人々の日々の生活は、神話や神々との関係なくしては語ることができない。神との暮らしの中で、人身供犠をはじめさまざまな儀礼がおこなわれたと考えられている。

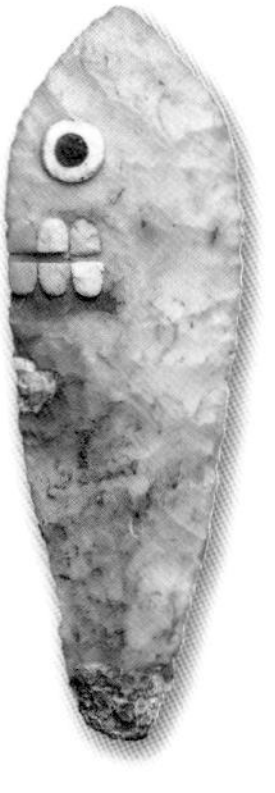

⑦生贄を捧げる人身供犠を象徴する装飾されたナイフ。

⑧イヌの頭をもつ宵の明星の神ショロトル。暗闇や死と関連する。

⑨火の神シウテクトリ。火は生命や権力と関係している。

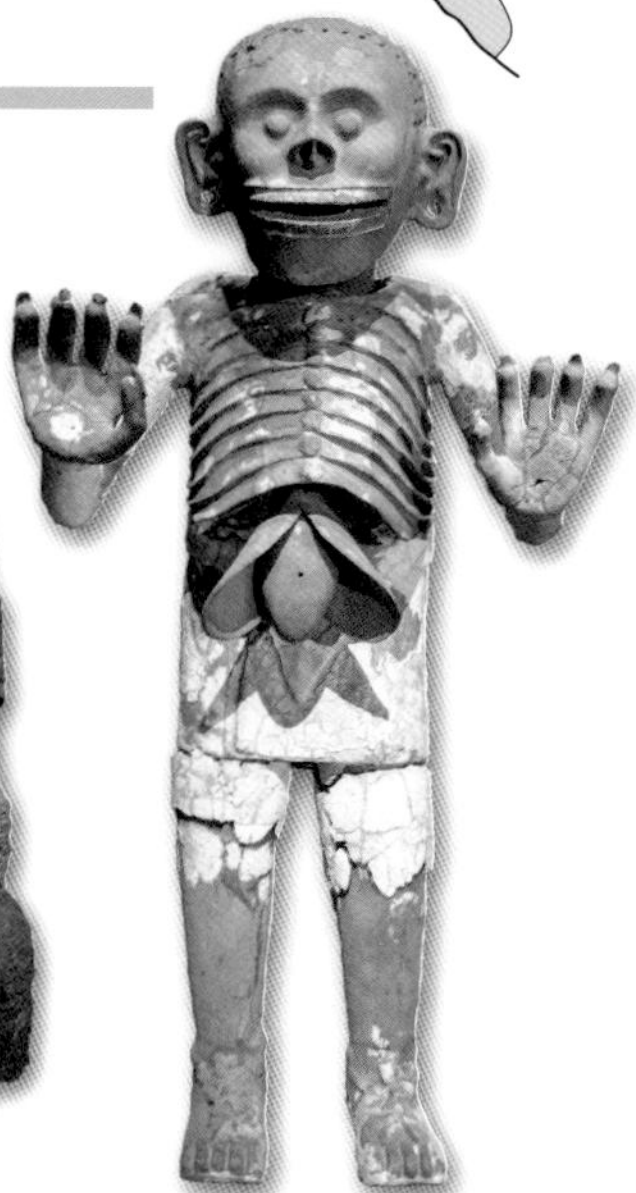

⑩鷲の家からみつかった等身大の死の神ミクトランテクワトリ。

商いのプロ ポチテカ

大神殿の神々のための奉納品の多くは、ポチテカ商人らによって輸入された。

⑪

⑫

⑪フィオレンティーナ絵文書に描かれたポチテカ（左の2人の人物）。
⑫大神殿に捧げられた工芸品。土器、石器、巻貝、二枚貝、サンゴ、ワニやピューマの骨、サメの歯などがある。

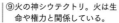

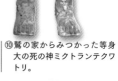

13 アステカ王国の世界

ほぼ日本の室町時代と同時代に栄えたアステカ王国は、メソアメリカ最大の王国である。絵文書からは貢納制度、組織化された軍の存在、階層によって異なる学校の存在など、かなり具体的な生活の様子がわかっている。

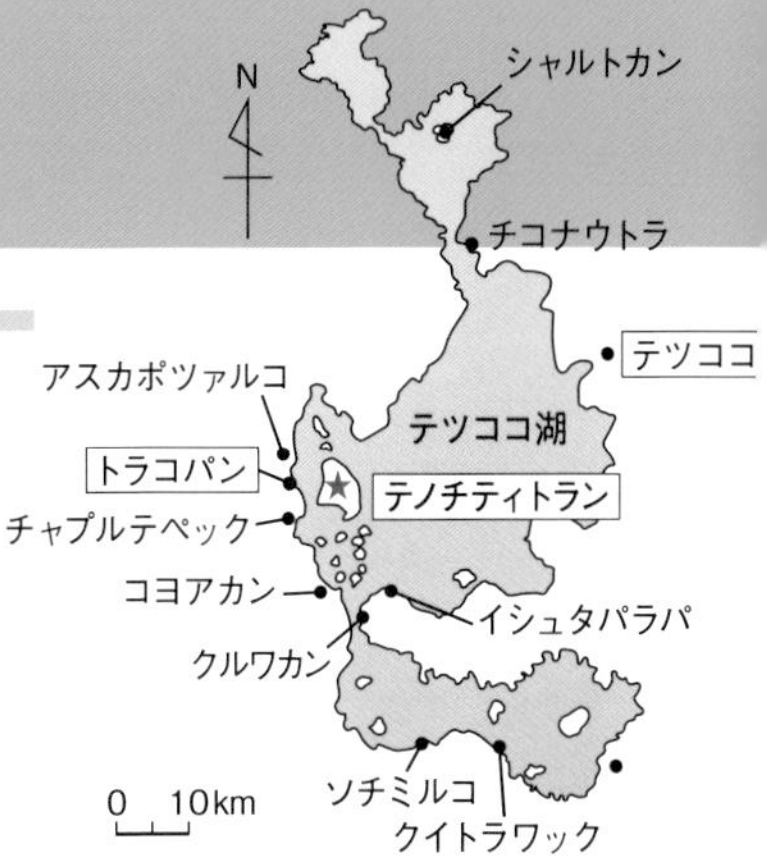

①テツココ湖周辺のおもな都市や集落（四角にかこんだ都市が三都市同盟を結んだ）

アステカ王国の都テノチティトラン

テツココ湖に浮かぶ島に建設された。その中心である大神殿には、双子のピラミッドをはじめとする建造物や神々の石彫が建立された。1520年代にスペイン隊によって破壊され、その後、湖は埋め立てられた。

②双子のピラミッド

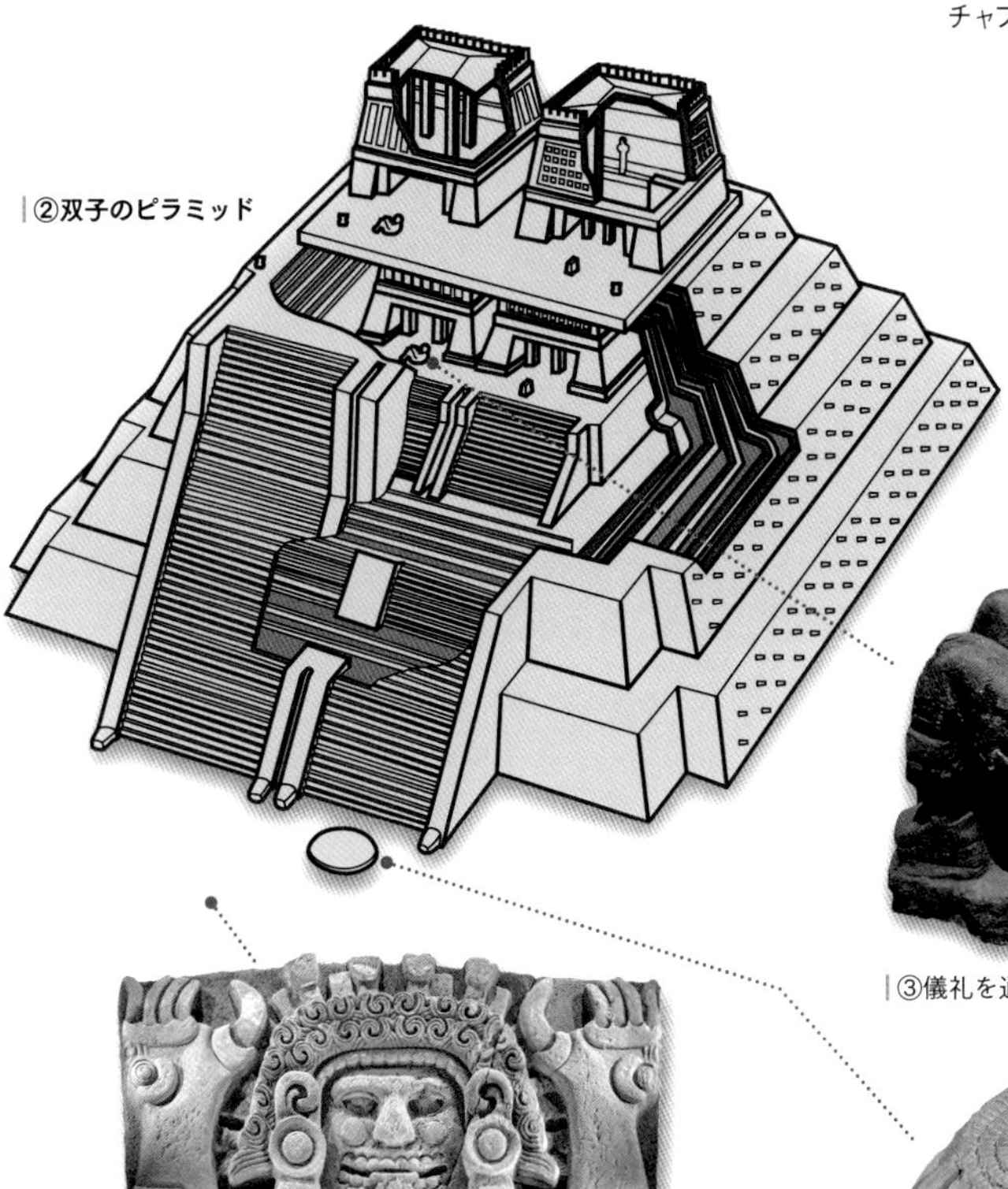

③儀礼を通じて捧げものが置かれたチャック・モール像。

④ワニのような爪をもち、しゃがんで笑った顔で舌を出している大地の主トラルテクートリをかたどった石板（約4.2m×3.6m、重さ約12t）。

⑤神話に登場する八つ裂きにされた女神コヨルシャウキの石板（直径3.6m、重さ約8t）。

14 神々と生きたメソアメリカの人々

メソアメリカの人々にとって、世界とは、人間・動物・植物などが住まう地上界、天上界、そして地下界の三つの世界からなります。人間たちは、天上界と地下界に住まう神々、身のまわりの森羅万象に宿る多様な神々とともに生きることで、地上界に平穏がもたらされると信じていました。こうした世界観や宗教とともにメソアメリカの豊かな物質文化や芸術は育まれました。また神々との関係を強めることは支配層の権力の正当化や強化とも結びつきました。

生活に最も近い神といえば、トウモロコシの神でしょう。トウモロコシ農耕が定着する紀元前１０００年頃には、すでにトウモロコシは神聖視され、信仰の対象となっていたようです。オルメカのヒスイ製品などにはトウモロコシの穂軸が皮から飛び出ている場面が象徴され、人間のような顔とともに描かれました。

マヤ人の創世神話・歴史書『ポポル・ヴフ』では、神々が試行錯誤のうえ、トウモロコシから人間を創ったと語られています。トウモロコシを模した頭飾りを身に着けた神が、豊穣と権力の象徴として石彫や絵文書に表現されました。それから、アステカ神話でもトウモロコシを模した頭飾りを身に着けたシンテオトルというトウモロコシの神がいました。

雨と雷の神トラロックも豊穣をもたらす神として、メソアメリカの地域や時代を超えて崇拝されていました。メキシコ中央高原を起源とし、テオティワカンが繁栄する頃には主たる神として、その信仰は隆盛を極めました。その姿は、ゴーグルのような大きな目と牙が特徴的です。石彫だけではなく、土器にも表現され、供物としても利用されるなど、最もポピュラーな神のひとつとして知られています。雨と雷の神は、マヤ地域ではチャーク、オアハカ地域ではコシホという名でも崇められていました。

ケツァルコアトル、日本語で「羽毛の蛇」と呼ばれる神は、王、学問、商人の守護神であり、豊穣と風の神として多義的に信仰されていました。その名のとおり、ケツァル鳥と蛇が合体した超自然的な姿をしており、建造物の壁面装飾や石彫などにみられます。その起源は、マヤ低地のサン・バルトロ遺跡†で前1世紀頃の壁画に描かれたものといわれていますが、テオティワカンで主神となり、古典期終末期以降はメソアメリカ全域で崇拝されました。なお、アステカの貴族は、羽毛の蛇神の子孫であると信じられていました。

こうした神々や神格化された祖先が住む場所として山や洞窟も信仰の対象となり、その近くに都市が築かれました。神殿ピラミッドが人工的な聖なる山として造られ、その中の空洞は地下界の入口（＝洞窟）を象徴し、王が祀られました。都市を構成する公共建造物群は、太陽の動きや山との諸関係に合わせて配置されたりして、神々とともに生きる聖なる世界が創り出されました。

人工的に創造された聖なる空間では、さらに神々の声を聞き、地上界に平穏をもたらすためのさまざまな儀礼をおこなう必要がありました。神々のお告げを信じ、新鮮な血や生贄を捧げることは、現代の私たちには理解しがたいことかもしれません。しかし、往時の人々にとっては、世界に平穏をもたらすために必要なおこないだったのです。

†サン・バルトロ遺跡は、グアテマラのエル・ペテン県にあり、前400年～後100年頃まで栄えた遺跡。遺跡自体は大きくないものの、公共建造物に描かれた鮮明な壁画装飾はマヤ文明の世界観や文字の始原を知るうえで重要。

生贄、放血儀礼、終末儀礼

世界に平穏をもたらすために神への捧げものは重要であった。その中でも人間や動物の生贄や血は、最も重要であったと考えられている。ヒスイやウミギクガイなどの遠距離交易品も威信財として埋納された。また破壊と創造（再生）の繰り返しが世界を形作ると信じた人々は、建造物や器物を意図的かつ儀礼的に壊すこともあった。

⑦支配層が描かれたマヤ低地の土器。底部に通称「死の穴」と呼ばれる穴が開けられた（古典期後期）。

⑧テオティワカンの羽毛の蛇神殿建設のさいに神殿内部に捧げられた200人を超える生贄の復元展示（古典期前期）。

⑨ヤシュチラン遺跡のまぐさ石24号に描かれた放血儀礼の様子（トレース、古典期後期）。右の人物が舌に棘のある縄を当てている。

儀礼としての球技

球技の始原はオルメカまでさかのぼる。ゴム球を腰につけた道具であてて、得点板に命中させる。球技の目的や結末は諸説あるが、娯楽というよりも人身供犠を含む儀礼的な要素が強いといわれている。

⑩

⑪

⑫

⑩メキシコのマヤ低地南部にあるチンクルティック遺跡から出土した球技をおこなう人物の石彫（古典期前期）。

⑪マヤ低地北部のチチェン・イツァの大球技場の壁に埋め込まれた得点板（古典期終末期）。

⑫アステカ王国時代のボルジア絵文書に描かれた球技場での生贄の様子の一部。左には神様、H字状の球技場の中心には人身供犠に供された生贄が描かれている（トレース）。

14 神々と平穏のための儀礼

日常生活に起こるあらゆる事象は神々の意思と深く関わっているとされるため、神々と意思疎通するための儀礼はきわめて重要であった。崇拝された多様な神は具現化され、神々とともに住まうための空間が創られた。

①

雨と雷の神

メソアメリカで最もポピュラーな神の一つ。雨は農耕の始まりを示し、豊穣を運んでくる。

②

③

①メキシコ中央高原のテノチティトランの大神殿で出土したトラロックを表現した土器。青や赤の彩色が美しい最高傑作。
②コシホと呼ばれるオアハカ地域で信仰されていた神。豪華な頭飾りや蛇のような舌先が特徴的。
③マヤ地域で信仰されていたチャークを表現したモザイク石彫。長い鉤鼻が特徴的。

トウモロコシの神

トウモロコシの神の始原は、前1000年前後のオルメカの石斧などにさかのぼる。その後の、マヤやアステカのトウモロコシの神にも、トウモロコシの穂軸が成長してくる様子を模したと思われる頭飾りがついていることが多い。

④

⑤

⑥

④メキシコ湾岸のアロヨ・ペスケーロ遺跡から出土した緑色石製の石斧。こうした石斧は儀礼用として製作され、埋納された（先古典期中期）。
⑤コパン遺跡から出土したトウモロコシの神の石彫（古典期後期）
⑥マヤ低地南部のサン・バルトロ遺跡でみつかった完成度の高い壁画に描かれたトウモロコシの神（トレース、先古典期後期）。

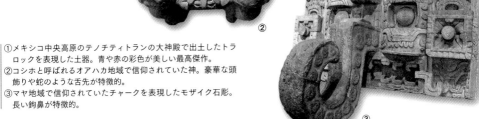

15 モノ・情報・人をつないだ地域間交流

広範囲にわたって盛んにおこなわれた地域間交流は、メソアメリカ文明の特徴のひとつです。この地域間交流が活発におこなわれた背景には、豊かな自然環境とそれにもとづく資源の多様性が関係していると考えられます。

ある特定の地域や場所でしか獲得することのできない貴重な資源を用いて作り出された製品は、奢侈品、美術品、儀礼用の道具として重宝され、おもに支配層間で交換されたといわれています。

最も代表的なのが、グアテマラのモタグア川流域でのみ採取できるヒスイです。ヒスイの緑色は世界の中心を示す神聖な色であり、生命や水を象徴しました。紀元前１６００～１５００年頃のメキシコ湾岸で、すでに儀礼と関連して埋納されはじめました。以降、ヒスイ製の装身具はメソアメリカ各地の神々、王や貴族の図像に頻繁に表現され、豪華な副葬品をともなう墓には必ずといってよいほど副葬されています。同じ緑色の石として、米国南西部からトルコ石も搬入されていました。

その他の交易品としては、高地ではケツァル鳥の羽根、鏡として使われた鉄鉱石、赤色顔料のもとになる赤鉄鉱が、低地ではコンゴウインコなどの羽根、ジャガーの毛皮、カカオ、綿などが採集され、流通しました。海岸地域からは、装飾品などに使われた貝、放血儀礼に用いられたサメの歯やアカエイの尾骨などが内陸部に搬入されました。

特殊な資源や製品以外に、日常生活に不可欠な黒曜石や塩なども地域間交流を通じて流通しました。特に、鋭利な刃をもち調理具あるいは武器として利用された黒曜石は、メキシコ中央高原やマヤ高地などいくつもの原産地が特定されており、地域間交流の実態を明らかにするうえで重要です。地域や時期によって流通する黒曜石の種類や分布が変化するため、黒曜石の流通から政治経済的側面に迫ることが可能です。また、塩は調味料としてだけではなく、食糧の保存や織物の媒染剤などにも利用されました。この塩は、沿岸部と一部の内陸部で生産され、流通しました。

こうした活発な地域間交流を通じて、人々の間でさまざまな情報、技術、知識の拡散・共有も促進されました。たとえば、後3～6世紀頃に広範囲に影響力をもたらしたテオティワカン特有の建築や土器が、遠く千キロメートル以上も離れた地域で、独自の手法や材料で作られたりしています。伝え聞いた、または実際に遠方でみたものを模倣して作ったのかもしれません。知識や情報を共有しながらも、それらが地域に応じて取捨選択されて受容されていることもメソアメリカで広くみられる現象です。

また地域間交流は、王や貴族といった支配層が積極的に介入していたと考えられています。たんに希少な奢侈品や美術品をもつという物質的な豊かさの差異だけではなく、知識や情報の差異を生む要因になり、社会の階層化や格差を促す原動力ともなりました。

地域間の移動は、一部でカヌーが使用されたものの、基本的には徒歩でおこなわれました。荷物を運ぶことのできるラクダ科動物や馬といった大型家畜がいなかったからです。したがって、高地の激しい起伏を、また低地の高温多湿の密林の中を、荷物と食糧を持って何日も歩く必要がありました。

副葬品はすべて後古典期後期のものであるが、墓自体はより早い時期に造られたもので、墓は後代の人々によって再利用された。９人が埋葬されていた。主たる被葬者は女性で、織物に関する道具も副葬されていることから織物に卓越した人物であった可能性がある。織物はオアハカ地域の特産品である。その他、金・銀・銅製装飾品、トルコ石の装飾品、サンゴ・貝・骨の装飾品など、いずれもその時代の最高傑作が副葬されていた。

③シペ・トテックといわれる神を形象したとされる金製仮面。

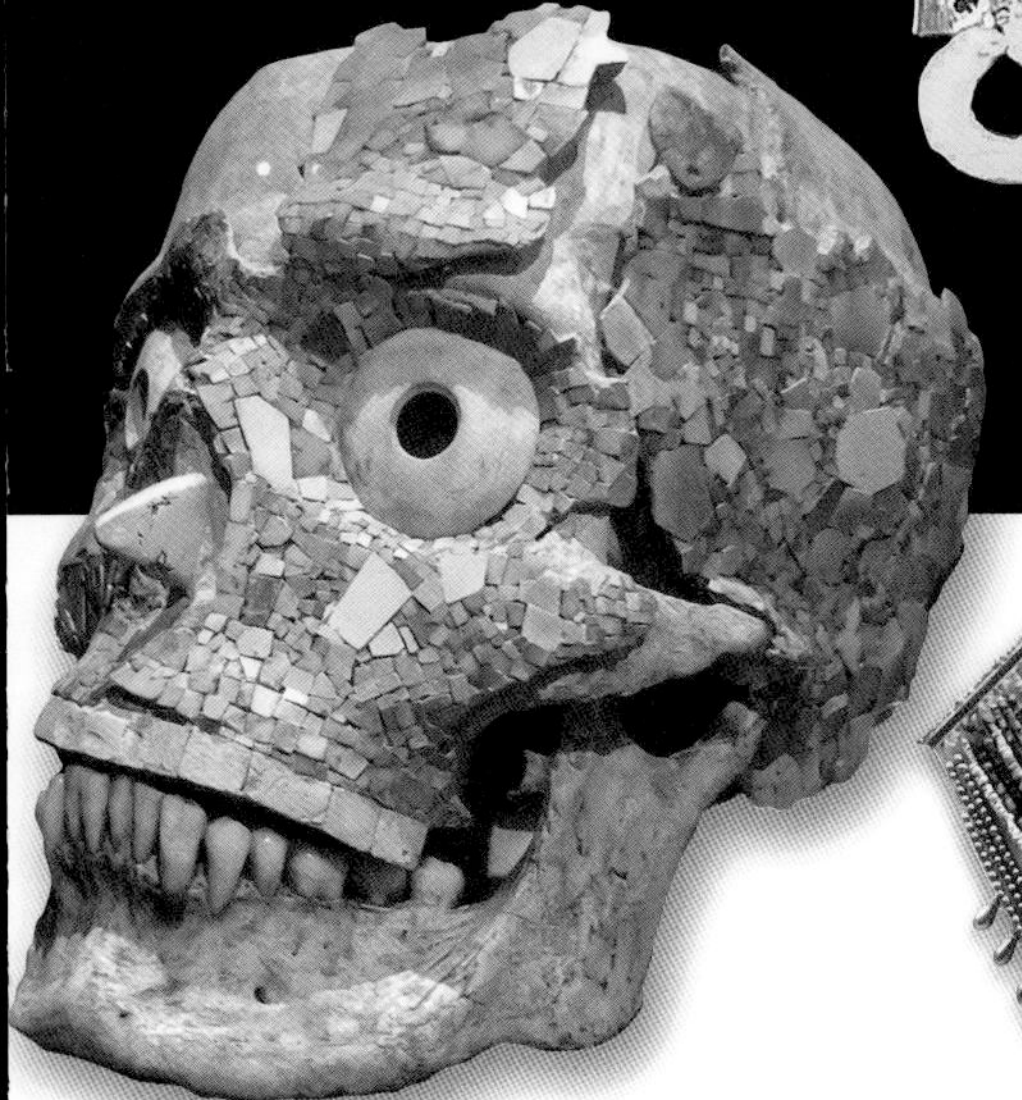

④トルコ石で装飾された頭蓋骨。トルコ石は米国南西部から輸入されたものであり、装飾品として高い価値があった。

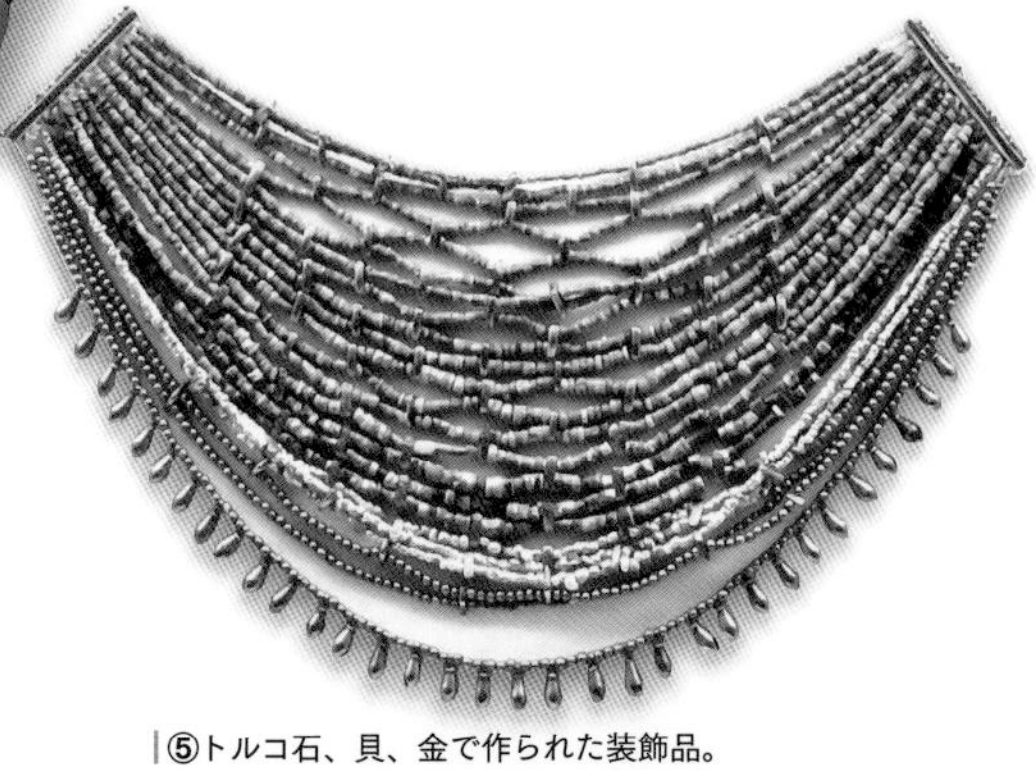

⑤トルコ石、貝、金で作られた装飾品。

⑥貝製品

15 各地から集められた品々

各地の高度な技術で製作されたさまざまな工芸品は、おもに支配層の間で流通した。言語も異なる人々がどのように交流し、どのようにモノを手に入れ、運搬し、さらに加工、流通させたのか、興味はつきない。

めぐりまわる資源や工芸品

ヒスイや海産貝は支配層の装飾品として加工されたりしながら奢侈品として、黒曜石は日常生活に必要な利器として、カカオは嗜好品や貨幣として、塩は食べ物の保存や染物の着色用として流通した。

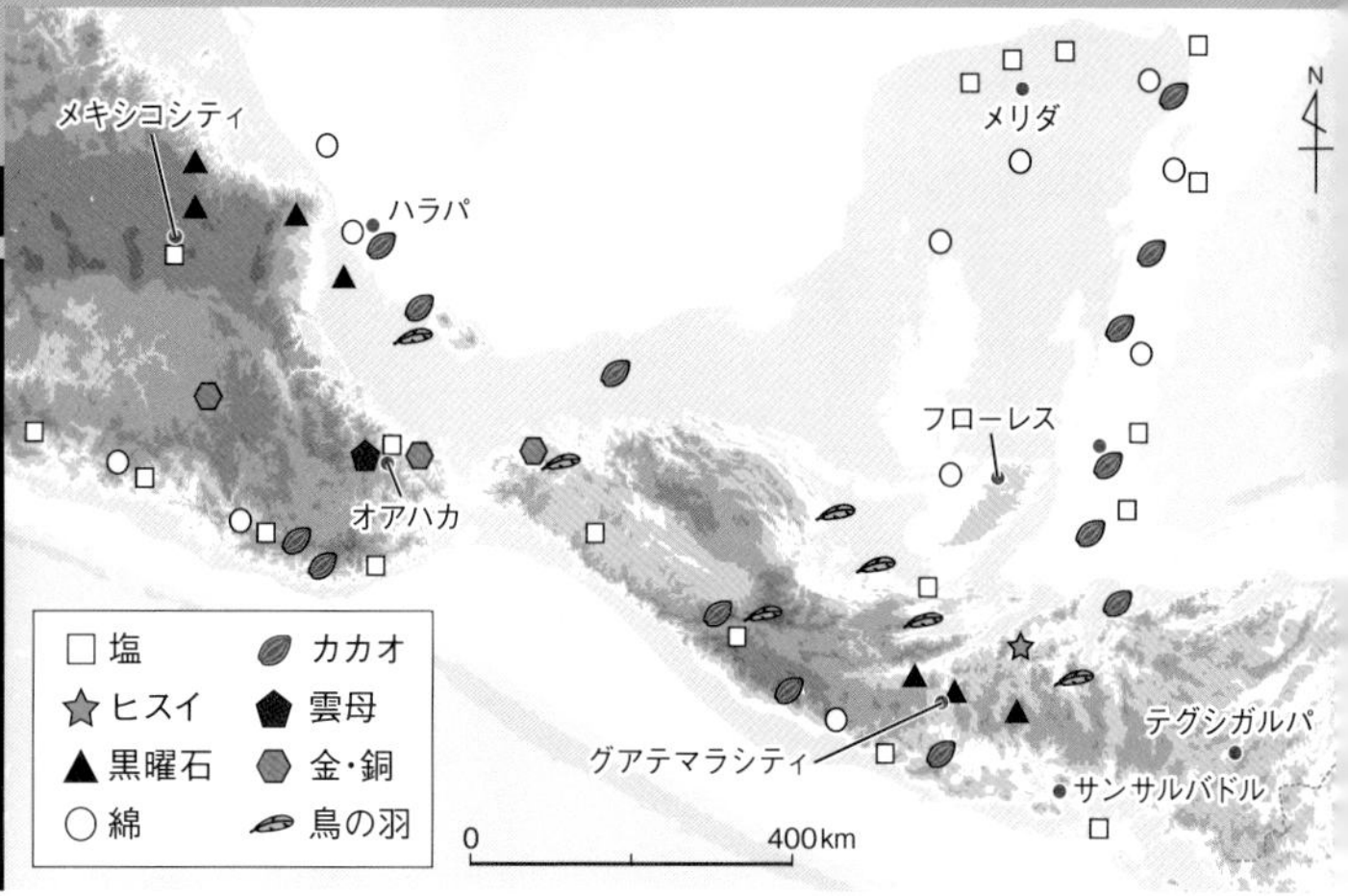

①資源の原産地地図

貢納台帳

アステカ王国は支配下においた各地方から収められる貢納品を絵文書に記録した。メキシコ湾岸から太平洋岸にいたる広い範囲からさまざまな品物が貢納された。諸説あるが、台帳にはスペイン語とナワトル語で種類や数量が記載されている。種類には、食料品、工芸品、動物、戦士の衣装までさまざまである。

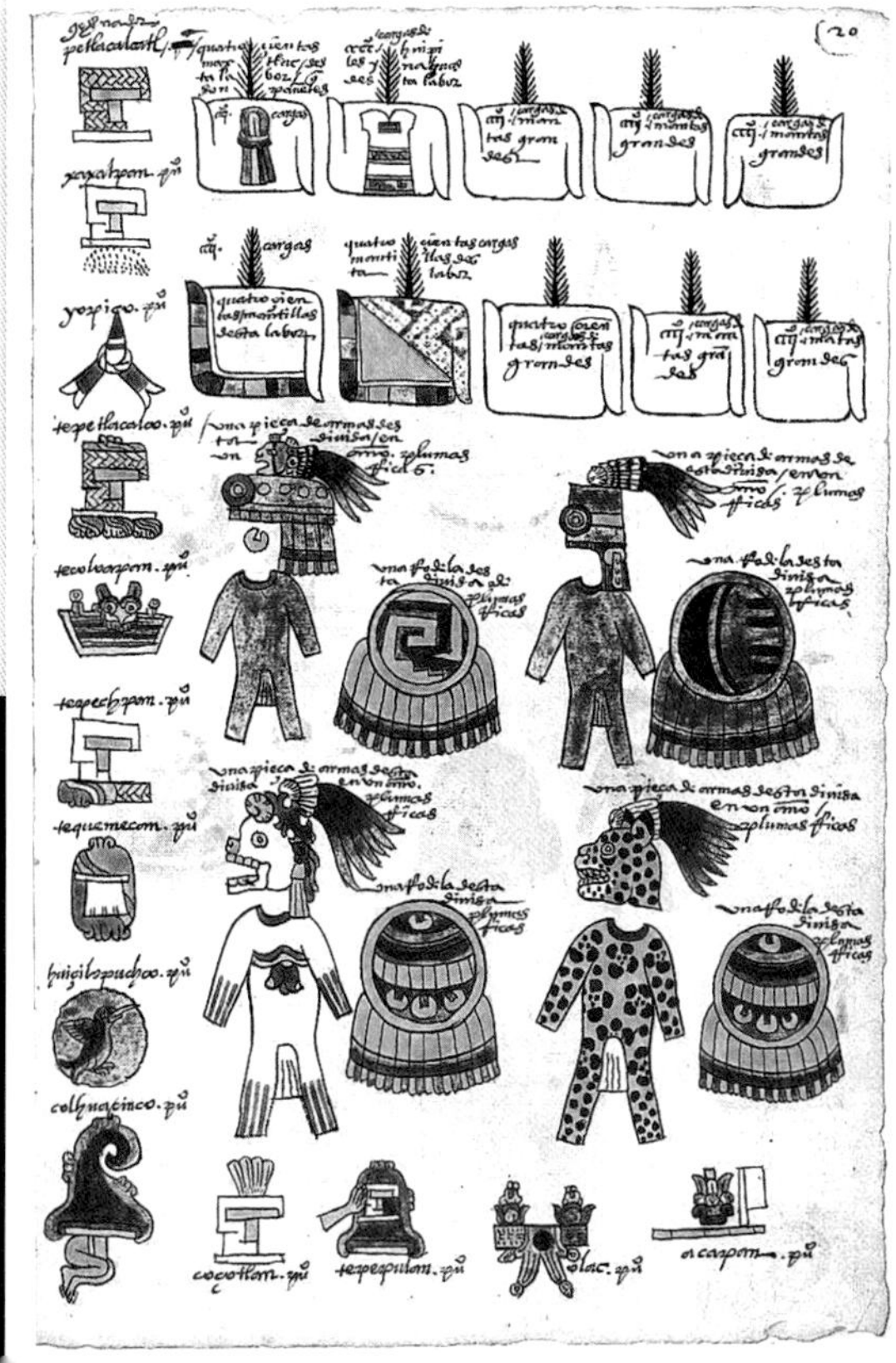

②戦士の衣装などが描かれている貢納台帳（メンドーサ絵文書）。

16 各地の王や貴族たち

政治的に統一されることがなかったメソアメリカ文明では、各地にさまざまな王や貴族といった為政者がいました。ただし、その位置づけや性格は地域で異なっていたようです。

王や貴族の存在を示す証拠の萌芽は、紀元前1200〜400年頃にメキシコ湾岸を中心に栄えたオルメカの石彫にみられます。その代表が、為政者の顔を表しているとされる巨石人頭像です。大きなものは高さ3メートル、重さ50トンを超えます。また巨大な玉座は権力の象徴であり、なかには巨石人頭像として再加工されたものもあります。半人半ジャガーと呼ばれる超自然的な姿の石彫は、為政者がシャーマン的な性格を有していたことを示しています。メソアメリカではジャガーは聖なる動物であり、王権と深く結びついていました。

後250〜900年頃に多数の石碑に刻まれたマヤ地域の諸王は、「神聖王」として君臨しました。神聖王とは、政治的指導者としての優れた能力だけではなく、先祖や神々と人間の間を仲介する超自然的な能力をも有する人物のことです。さらに、マヤの王や貴族は、工芸家、神官、書記、戦士などマルチな役割を担っていたこともわかっています。

マヤの王位継承は基本的には男系でしたが、パレンケ王朝†のように女王もいたり、政略結婚もおこなわれていました。また世襲制であったようですが、その地位は安定しておらず、宗教的カリス

†マヤ地域の西部（現在のメキシコ南東部チアパス州の高

マ性も重要でした。そのため自分自身の血を神に捧げるために放血儀礼をおこなったり、生贄を確保して人身供犠などを執行し、自身の権力を正当化または強化することが必要でした。一部の王は神殿ピラミッド内部に豪華な副葬品とともに埋葬され、神格化された先祖として崇拝の対象となりました。

マヤ地域ほど顕著ではありませんが、オアハカ地域の王や貴族は、モンテ・アルバンの「12のジャガー王」のように名前と人物像が石碑に刻まれました。王や貴族は石造の豪邸に住まい、死去すると、地下式の石室墓†に豪華な副葬品とともに埋葬されました。これらの石室墓は、追葬が可能でした。モンテ・アルバン崩壊以降の為政者は自身の血筋の正当性や古さをアピールするために王朝系譜図を石板に刻んだり、政略結婚に腐心していました。このことから神聖性や政治指導者としての能力よりも、血筋を重視する社会であったのかもしれません。

アステカ王国も明らかな階層社会で、王や貴族は特別な待遇を受けました。アステカ王国は、貢納品や生贄のための捕虜の獲得をおもな目的とする戦争で版図を拡大していきました。そのため王や貴族には、優れた軍才が求められたことでしょう。

さまざまな王や貴族の存在が明らかな場合がある一方で、メソアメリカ最大の都市を築き、広範囲に影響力をおよぼしたテオティワカンでは、王制か、複数の為政者が統治する合議制か、議論が分かれています。王墓や王の図像など確実に王の存在を示す証拠はいまのところありませんが、庶民とは異なる特別な扱いを受けた人物がいたことは確かなようです。

このようにみると、王や貴族は多くの民衆や神々の声を聞きながら、為政者としての資質、地位、権力を正当化するとともに、社会に平穏をもたらす努力を続けなければなりませんでした。

地）に位置する古典期を代表する都市。少なくとも18代にわたって約４００年間、王朝が続いた。遺跡は世界遺産。

†石室墓の入口や内部にはさまざまな装飾が施されたり、壁画も描かれた。日本でいえば、古墳の横穴式石室に通ずるところがある。

マヤの「パカル王」と「赤い女王」

マヤ諸王朝の中で最も有名な王がパレンケ王朝11代目の王キニチ・ハナーブ・パカルII世（在位615-683年）である。パカル王を一躍有名にしたのは、碑文の神殿の発掘でみつかったほぼ完全な状態で残っていた墓である。

⑤パカル王の遺体に被せられていたマスク。

⑥赤い女王の遺体に被せられていたマスク。碑文の神殿の隣にある神殿からみつかった。パカル王の妻とされている。

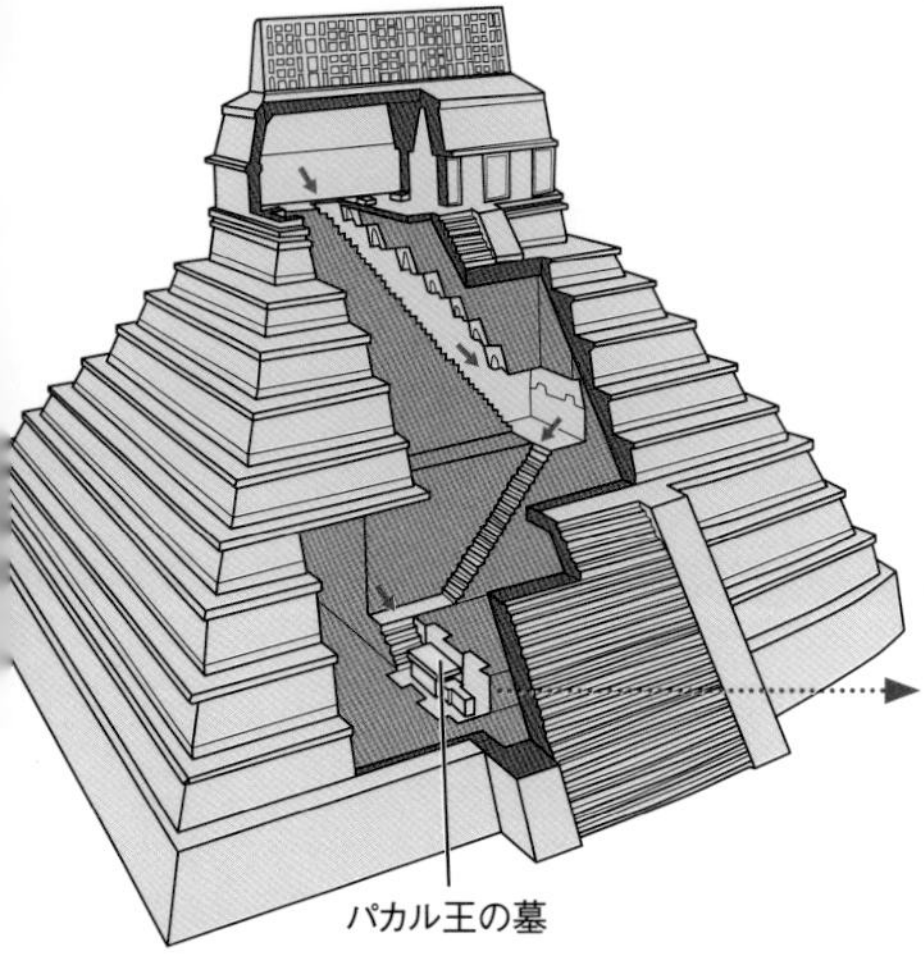

⑦碑文の神殿：墓の入口と通路は狭く、石棺が通れないことから、最初に石棺がおかれ、その後に神殿建設が始まったと考えられている。

⑧パカル王の石棺

「神聖王」

マヤの王は、先祖や神と人間を結ぶ重要な仲介者であり、神格化された「神聖王」として君臨した。

⑨セイバル遺跡石碑10号に描かれたワトゥル・カテル王（トレース、古典期終末期）

三都市連合の立役者

アステカ王国は唯一の王を頂点とするのではなく、各地を束ねる政治組織の連合体であった。

⑩テツココのネサワルコヨトル王の肖像（イシュトリルショチトル絵文書、16世紀中頃）

16 偉大なる王、貴族

王や貴族に関する資料は、石彫、壁画、多彩色土器など視覚的にわかりやすいものが豊富である。また、王墓や王宮の発掘調査により、物質的豊かさだけではなく、生活の実態解明にまで近づくことが可能となった。

オルメカの為政者

メキシコ湾岸に先古典期前期から中期に栄えたオルメカでは、巨石を用いて為政者を表現した。

①通称「王」と呼ばれている巨石人頭像（サン・ロレンソ遺跡、高さ約2.85m、重さ約25t）
②通称「貴公子」と呼ばれる石彫（クルス・デル・ミラグロ遺跡、高さ約1.3m）

先祖と通ずるサポテカの墓

③オアハカ地域に特有な壁面や入口に装飾が施された石室墓は、他の地域であまりみられない追葬が可能な墓であった。儀礼を通じて、先代の王や貴族とつながり、権力の正当化や強化を図った、あるいは世界の安寧を祈ったのであろう。日本の古墳時代の横穴室石室のようである。（モンテ・アルバン遺跡104号墳、古典期前期）

テオティワカンに王はいたのか？

テオティワカンでは、王の存在が確認されていない。とはいえ、複雑な政治機構を有していたことは明らかで、壁画などに豪華な衣装に身を包んだ人物が描かれている。

④テパンティトラ建造物複合の壁画

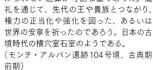

17 人々の日常生活

「中米のポンペイ」と呼ばれる遺跡があります。マヤ南部にある村落遺跡ホヤ・デ・セレンです。この村落は、後7世紀中頃に起きたロマ・カルデラ火山の噴火による5メートル以上の厚さの噴出物によって完全に埋没しました。きわめて良好な状態で古代の日常生活を復元できることから世界遺産に登録されています。トウモロコシの発育状況や土器などの出土状況から、噴火は8月頃の夜に起きたとされ、人骨がほとんど発見されていないことから、身支度する間もなく命からがら避難できたことが想像されます。

村落内の住居は、現代のようにひとつの家屋内にいくつもの部屋があるのではなく、ある範囲の土地に一世帯が使用としたと思われる小屋群で構成されています。小屋群は寝食の小屋、台所、倉庫といったように機能が別れていました。建物は、編み枝を軸として泥を塗った土壁で、ヤシの葉を使った屋根でした。小屋群のまわりには家庭菜園の痕跡を示す畑がありました。

日常生活のための小屋だけではなく、集会用の建物、占いの館、蒸し風呂もありました。集会用の建物は一般の住居より壁が厚く頑丈なつくりをしています。占いの館は、窓装飾のある建物で、内部からは占い用と考えられている女性と動物の土偶、シカの角、海産貝、豆粒などがみつかっています。蒸し風呂は、中央にかまどがあり、そこに熱した石を入れ、薬草をのせて水をかけると湯気が出るという仕組みです。身体を清めたり病気療養に使われたと考えられています。また、マヤ地域の大都市でみられる堤道もみつかっています。小さな村落の間を結んだり、畑などに向かう際の道であったと考えられています。

村落というと質素な暮らしを想像するかもしれません。しかし、綺麗な多彩色土器をいくつも所有し、遠距離交易を介さなければ入手できない黒曜石、装飾品用の緑色石や海産貝をもっていました。貴重かつ鋭利な黒曜石は、子どもの手の届かない所に保管してあるなど、古代人の配慮を垣間見ることができます。

世帯消費を超える数のヒョウタン製品、製粉用の石皿や擂り棒、衣服の原材料と思われる大量のリュウゼツランがみつかっていることから、こうした製品と引き換えに、さまざまな物資を入手していたようです。どうやら、地域経済は支配層によるものだけではなく、市井の人々の積極的な介入があって成り立っていたようです。

ホヤ・デ・セレンがさらに特筆すべきなのは、豊かな食生活を復元できることです。畑でみつかったり、土器の中に貯蔵されていた種子などの分析によると、トウモロコシやマメ類といった基本食糧に加えて、トウガラシ、カボチャ、アボカド、そしてマニオク†などさまざまな植物が栽培されていました。メソアメリカ人の主食といえばトウモロコシですが、マニオクは厳しい環境でも育ち日持ちすることから、トウモロコシの不作などを補う重要な食糧であったのでしょう。

また、嗜好品であったカカオも栽培し、加工して、飲んでいたようです。近くに川や湖があるので淡水魚や貝なども食していたとは思われますが、遺跡からはほとんど出土していません。一方で、アヒル、シカ、イヌなどの骨が出土していることから、動物の肉は好んで食べていたようです。

†キャッサバ、または現地では「ユカ」の名でも知られている。世界中の熱帯で栽培されている芋のような植物。

庶民の住居

⑧ニシュトゥン・チッチ遺跡でみつかった住居址（マヤ低地南部、後古典期後期）。粗い石の基壇。この上に土や植物を使って造られた住居があったと思われる。白鳥祐子さんが調査に参加している。

⑨復元された庶民の住まい（マヤ低地北部、ラブナ遺跡公園）。

集合住宅

庶民の住まいは地域によってさまざまだが、石、木、土、植物を使った簡素な造りのものが多い。

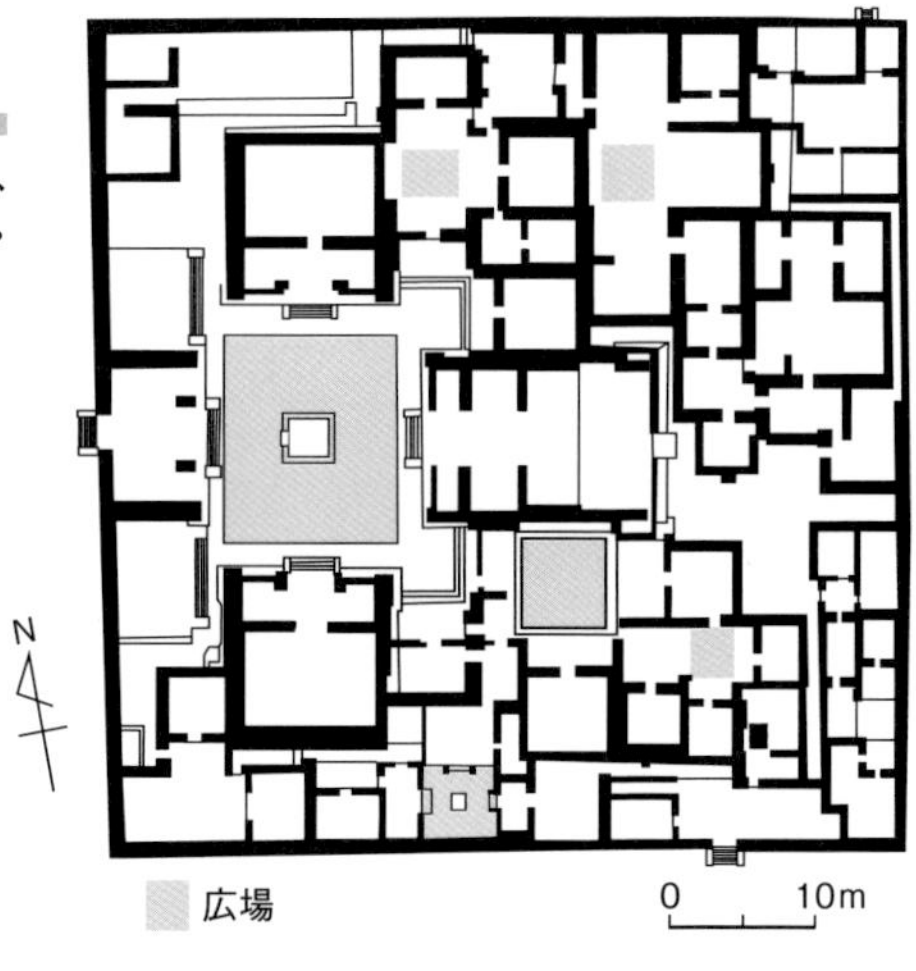

⑩テオティワカンの集合住宅。大都市にはアパートのような建物があり、人口密度はかなり高かったようである。

TOPIC

石器の使用痕跡観察

金属顕微鏡で石器の表面をみると、肉や植物だけではなく、木、貝、骨などさまざまなものを切っていた痕跡が読み取れる。

都市文明の生活を支えた石器や石製品

石器を主要利器としたメソアメリカの人々は、黒曜石、チャート、火山岩などを使って生活に必要なものを製作あるいは調理していた。

⑪植物をすりつぶすためのマノ（擂り棒）とメタテ（石皿）

⑫日常の利器として使用された黒曜石の石刃。整形された石核からとる。

17 発掘が進む庶民の住居址

メソアメリカ文明というと神殿ピラミッドや石碑など王や貴族の物質文化に注目が集まりやすいが、9割以上が農民などの庶民であったといわれている。庶民の住居址の発掘が進んだ結果、庶民の生活の実態が明らかになってきている。

村落遺跡ホヤ・デ・セレン

ロマ・カルデラ火山の噴火で埋没したホヤ・デ・セレン。マヤの集落としてはきわめて良好の保存状態で、噴火直前の村の様子がよくわかる。

②集会所：長さ約8m、幅約5m、高さ約3.5mの頑丈な建物。遺物が出土していないため、おそらく集会などの公共的な目的で使用されたと考えられる。

③占いの館：外壁に装飾があり、内部には小さな部屋があり、シカの角、豆、貝の破片、女性をかたどった土偶などを使ってシャーマンが占いをおこなったとされる。

⑤畑の畝と台所：畝の跡がわかる。左奥の円形の場所が台所。家庭菜園でできた野菜をとって調理したのだろう。

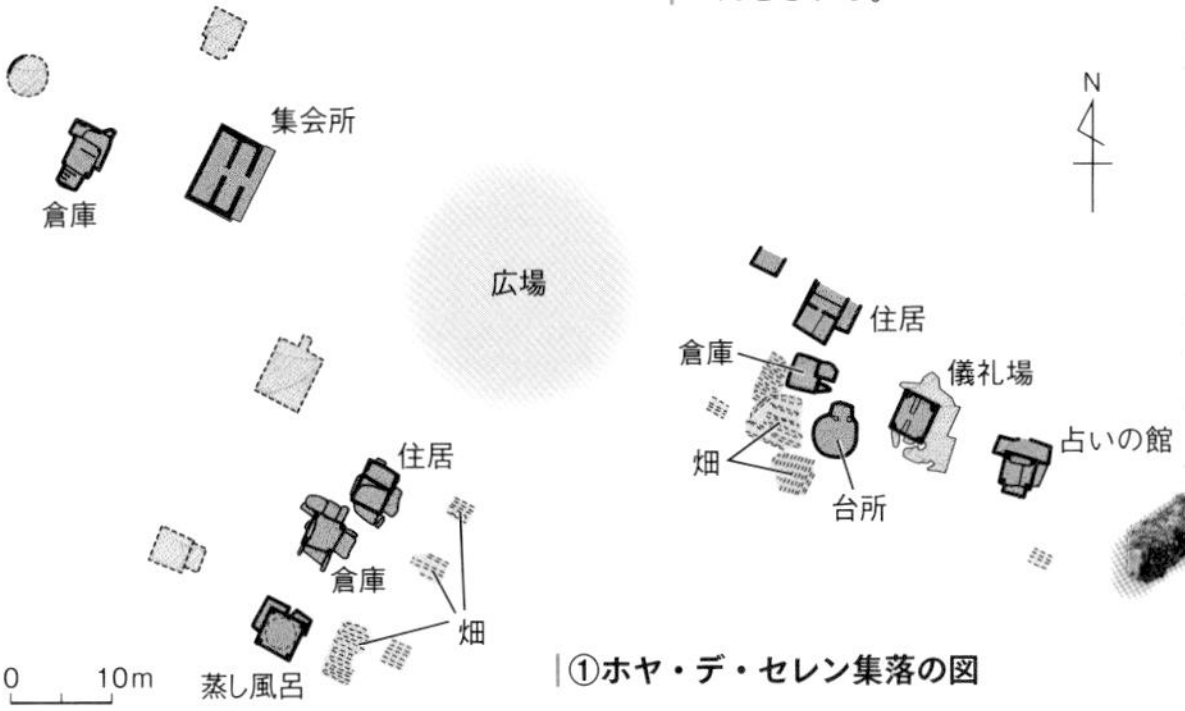

①ホヤ・デ・セレン集落の図

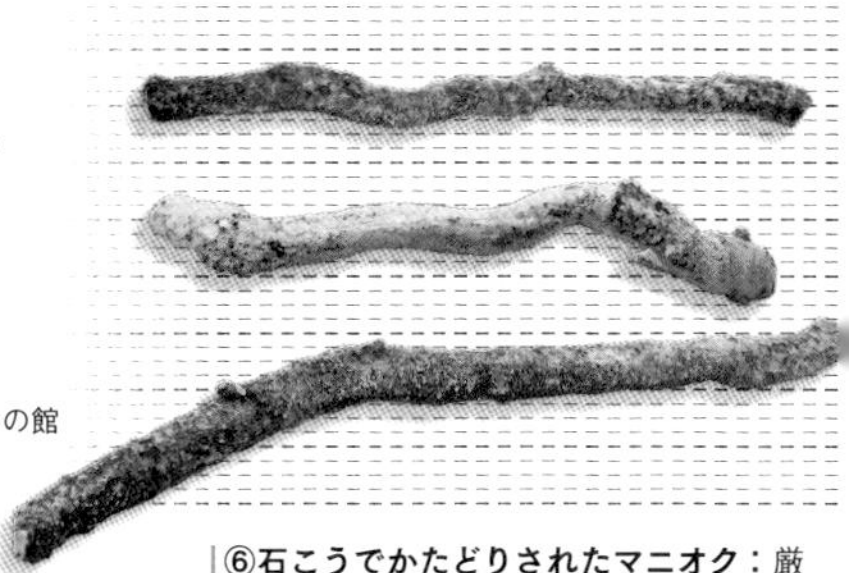

⑥石こうでかたどりされたマニオク：厳しい環境でも育ち重宝された。現在でも特産品として食されている。

④蒸し風呂と倉庫：奥の四角形の建物が蒸し風呂で、身体を清めたり療養のために使われた。手前の壁が左右に倒壊している建物が倉庫。

⑦多彩色土器：交易を通じて獲得したのであろう。

18

美しい外見と中身の追求

メソアメリカ文明では、亡くなった人は、住居の下や建物にかこまれた広場の下などに埋葬されました。王や貴族の墓であればヒスイや貝で作られた見事な装飾品などが、庶民の墓であれば簡素な土製の装飾品などがみつかることがあります。

こうした装飾品だけではなく、墓に埋葬された人々の骨を観察すると、興味深い文化的な行為の痕跡がみつかります。それは頭蓋変形と歯牙装飾です。これらは、ピアスやタトゥーのように皮膚などの柔らかい部分ではなく、頭蓋骨や歯という人間の体組織の中でも重要かつ硬い箇所に手を加える行為です。

本書で取り上げてきた石碑や壁画に描かれた王や貴族の頭が少し細長く描かれている場合が多いことにお気づきでしょうか。実際に王や貴族と思われる被葬者の人骨に施術されていることから、頭蓋変形や歯牙装飾は王や貴族に限定された特別な身体表現とこれまで考えられてきました。しかし、庶民と思われる人骨のデータが蓄積されてきて、頭蓋変形や歯牙装飾が広く庶民にも普及していたことがわかってきています。

頭蓋変形は、生まれたばかりの子どもの頭蓋骨がまだやわらかいうちに施し、2~3歳頃までに形を定着させたようです。帯のようなものを巻き付ける場合もあったようですが、多くは板で頭をはさみ変形させせました。板のはさみ方で縦や斜めに長くみせるなどいくつかの変形の方法があったようです。

頭蓋変形をおこなった背景には、さまざまな説があります。この世に生をうけて社会の一員となるための通過儀礼とする説、ある集団に属していることを示すアイデンティティ表象のひとつであるとする説、自分たちが信じる神の頭の形に似せたという説などです。

歯牙装飾は、歯を削ったり、歯に穴をあけてヒスイなどを埋め込んだりする装飾です。永久歯が生えそろってから施術されています。歯が欠ければ激痛が走るように、かなり痛みをともなう施術であったと思います。したがって、歯牙装飾が施された理由としては、オシャレの一種としてだけでなく、成人になったことを示すような通過儀礼の一種であったというのが有力な説です。ちなみに日本の縄文時代のような抜歯の風習はなかったようです。

こうした外見だけではなく、メソアメリカの人々は、人としての教育や躾も重要視したようです。16世紀に記されたアステカの絵文書†によれば、年齢や性別に応じて、学ばなければならない技術（狩り、漁、織物など）や宗教的な儀式（作法、歌、踊りなど）などがあったようです。これらが達成できなかった場合には、罰も与えられました。こうした絵文書の記録が残っていない古典期や先古典期についてはわかりませんが、人として、あるいは社会の一員としての振る舞いに良し悪しがあり、親あるいは社会全体として子どもの成長に目を配るというのは、いまもむかしも同じだったようです。

外見と中身に気を配っていたメソアメリカの人々。そう思うと、方法や考え方のちがいはあれど、遠い過去の人ではなく、とても身近な存在に感じられるのではないでしょうか。

†絵文書とは、樹皮製の紙に漆喰を塗り、その上に文字や絵を描いた、折りたたみ式の本。儀礼、神々、地図、経済、系図、暦などに関する内容が記述されている。スペイン人が多くを焼き捨ててしまったため、スペイン人到来以前の絵文書は14冊で、後古典期に作られたもの。

子どもの教育と躾

16世紀に描かれた絵文書によれば、性別や年齢ごとに学ぶべきことや適切な振舞いなどがあり、親から教育を受けた。場合によってはサボテンの針や棒で罰が与えられることもあったようだ。

⑦子どもの躾を描いたメンドーサ絵文書

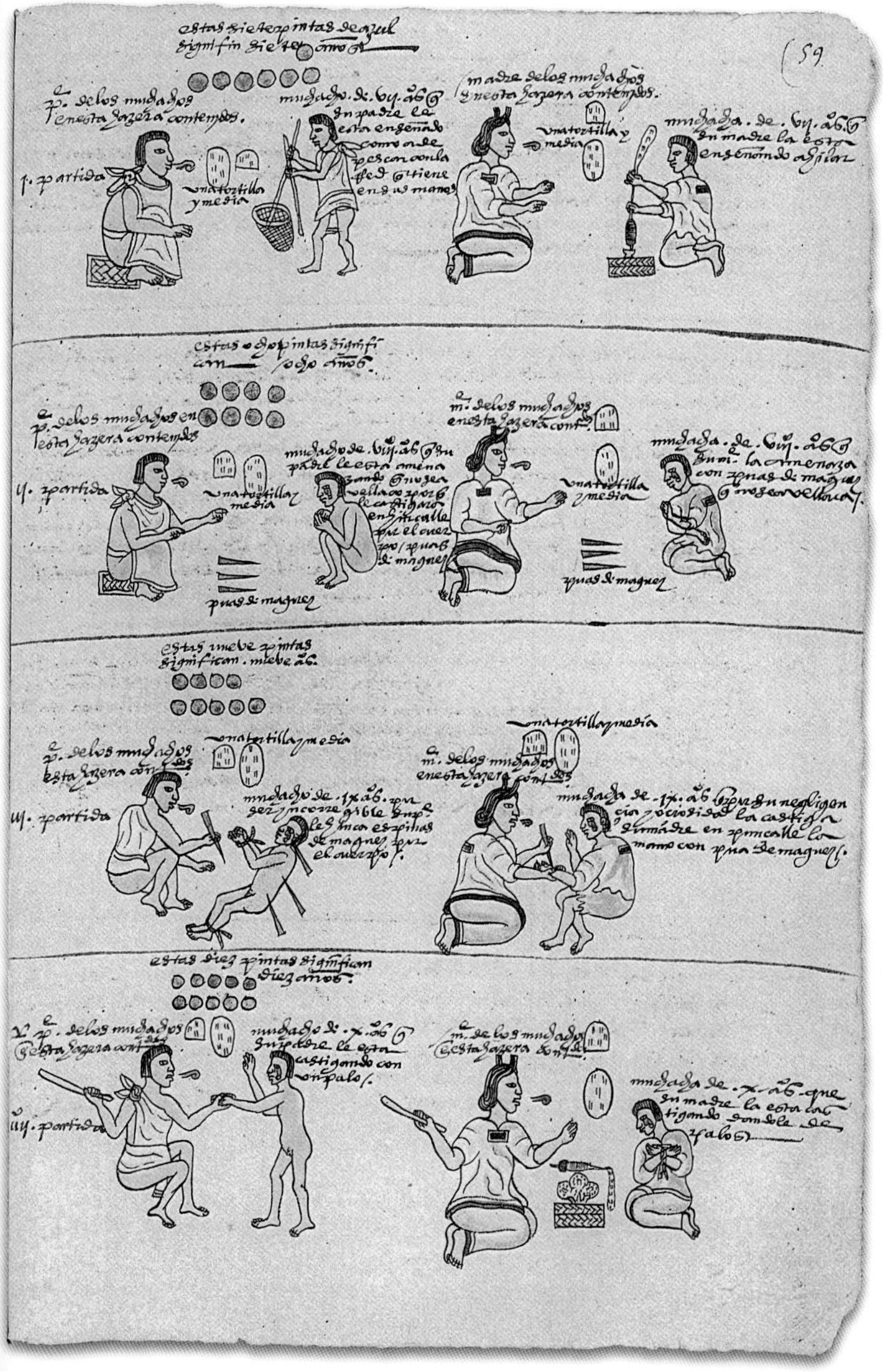

（上段） 7歳になると、男子は父から漁労を、女子は母から織物を教わる（左手上方の青丸は年齢を示す）。

（2段） 8歳では、さまざまなことを学ぶ最初の段階であるため、年相応のことができなかったり、過ちをおかしても、まだサボテンの針で刺すことはない。

（3段） 9歳では、過ちをおかした場合、男子は裸にされ、手足を縛られ、針を刺される。一方の女子は、手首にサボテンの針でチクっとされるだけである。

（下段） 10歳では、過ちをおかした場合、男子は棒で叩かれる。女子は手首を縛られ、棒で叩かれている。織物の道具があることから、上手に織物ができなかったために叱られたのであろう。

18 日常生活における風習や慣習

頭蓋変形や歯牙装飾には、当時の審美眼や常識が反映されていた。また、暦にもとづいた生活を送っていたメソアメリカの人々にとって、生活習慣や儀礼の進め方などを共有し、後世に伝えていくことも重要であった。そうした風習や慣習の中には、現代にも残っているものがある。

頭蓋変形

土偶や石彫に表現された人物は、頭蓋変形だけでなく、多様な髪型や頭飾りをまとっており、頭の重要性をうかがい知ることができる。

②額に何かを当てたかのように平らになっている。この人物は歯牙装飾も施されている。

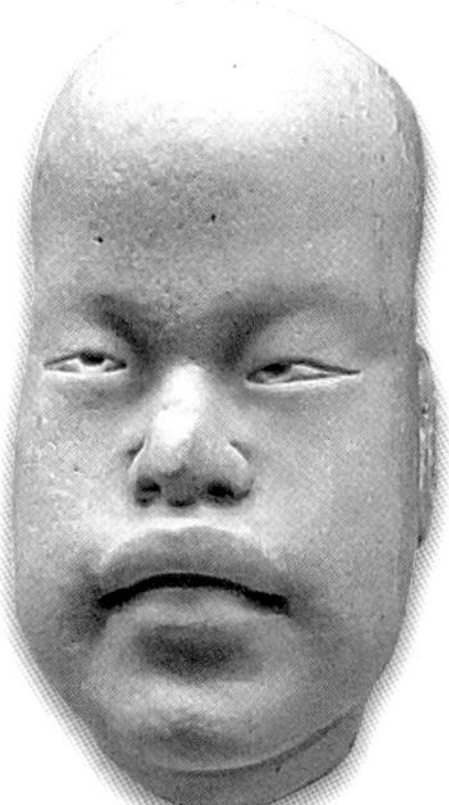

①「ベビーフェイス」と呼ばれるオルメカの土偶。上に伸びる頭蓋変形が表現されている。

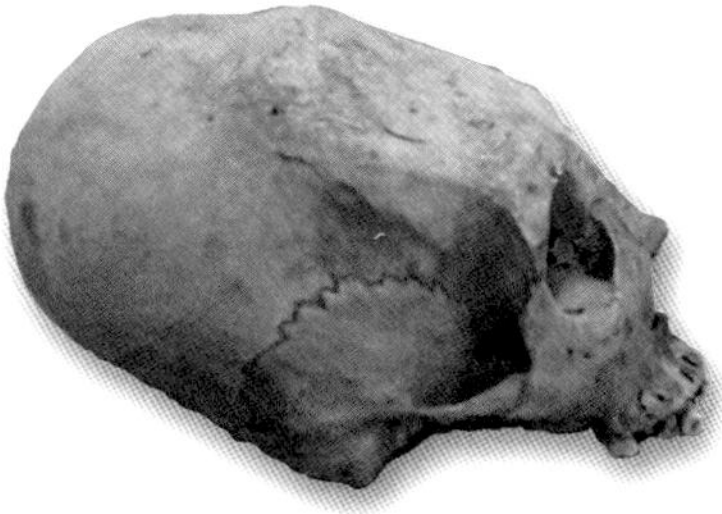

③傾斜型の頭蓋変形。

④彩色土器（ナランホ遺跡、マヤ低地南部）に描かれた王または貴族。頭がややすぼまっており、そこに豪華な頭飾りをつけている。

歯牙装飾

激痛が走ったと思われる施術の後には、成人としての証あるいは当時の人々が思う美しい笑顔を獲得できたのであろう。

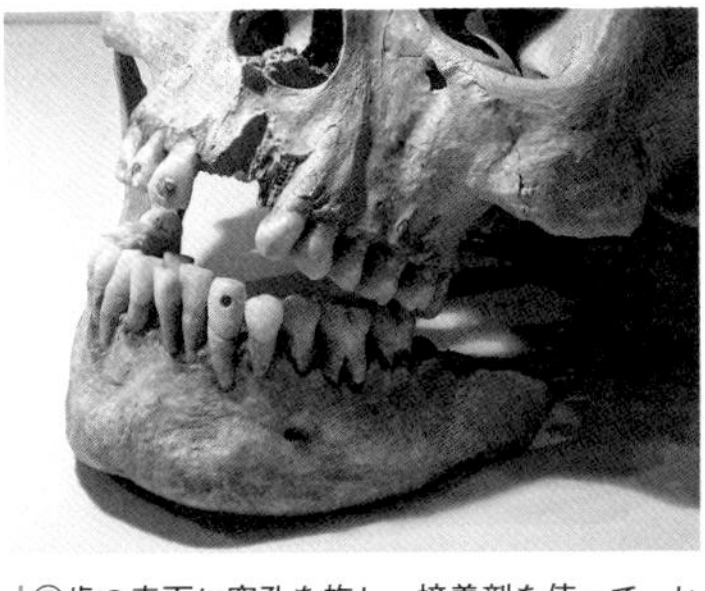

⑤歯の表面に穿孔を施し、接着剤を使って、ヒスイや黄鉄鉱などを埋め込むタイプの装飾。

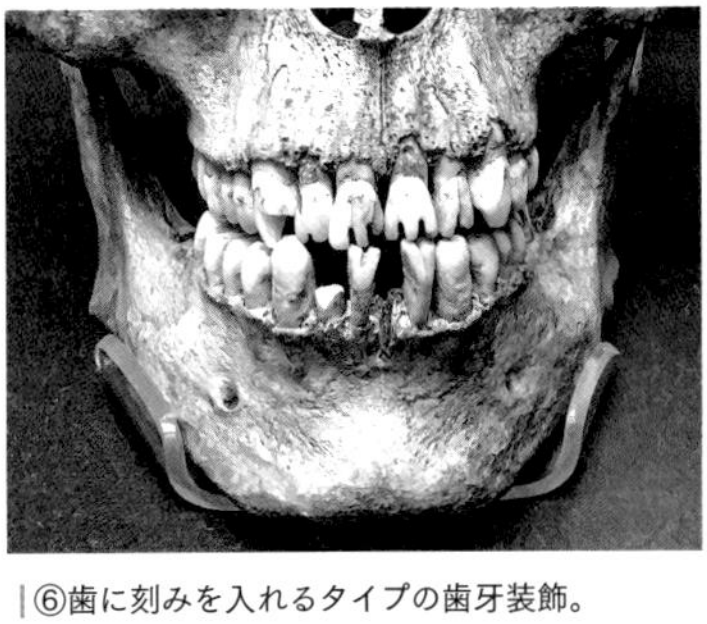

⑥歯に刻みを入れるタイプの歯牙装飾。

19 現在進行形の生きている文化

メソアメリカの諸都市は、16世紀以降やってきたスペイン人の手によって壊されました。その後、天然痘などの新しい病気、スペイン人による不条理な統治政策によって人口が激減しました。しかし、これはそれまでメソアメリカの人々が築き上げてきた文化の消滅を意味しません。

メソアメリカ文明を築いた人々の末裔が現在も数千万人を超えるとされ、その文化や言葉を守りながら暮らしています。メソアメリカ文明は、遠い過去の歴史や記憶ではなく、現在進行形なのです。スペイン人などの外来の人々による強制や抑圧と対峙しながら、外来の文化要素を独自に解釈して自文化に取り入れ、新たな伝統として再創造してきました。二つの事例を紹介しましょう。

ひとつは衣装です。読者の中には、マヤ高地などを中心にみられる色鮮やかな民族衣装に魅了された方もいるのではないでしょうか。グアテマラでは、後帯機《こうたいばた》†と呼ばれる伝統的な織機で民族衣装などを製作している場面に出くわします。その民族衣装のなかで「ウィピル」と呼ばれる女性用の貫頭衣があります。

ウィピルは、村ごとにデザインや色使い、文様が異なっており、着用者のアイデンティティを表象する媒体にもなっています。このウィピルの製作者たちは、伝統的な文様を残しつつ、現代の服飾文化も新たに取り入れながら衣装や布製品を作り上げています。

†後帯機とは、適当な長さや太さの木の棒に糸を渡して適当な場所にひっかけて、腰に巻つけた帯で経糸(たていと)の張りを保ちながら、横糸を入れて布を織る方法。

もうひとつの興味深い事例は宗教です。スペイン人が土着宗教を根絶やしにして、キリスト教への改宗を強制したことはよく知られた話です。しかし、スペイン人たちの監視が行き届かないところで、人々はカトリックの諸要素を自分たちの宗教に取り入れて融合を図りました。この融合の代表的事例が、マシモン、またはサン・シモンとよばれる偶像です。

　この偶像はカトリックの聖人像とは異なり、スーツあるいは民族衣装を着た男性であることが多く、マヤの祖先神とみなし、祝祭行事ではキリストの復活を祝うかのように歓喜に沸きます。また、カトリック教会の祭壇にはイエス・キリスト像とともに守護聖人が大切に祀られていますが、この守護聖人に先の伝統衣装を着せていることがあります。

　このように衣装や伝統行事は、現代の私たちの目を引きます。そして、メキシコや中米諸国において伝統文化や古代遺跡を前面に出した観光政策は国家経済を支えています。文化遺産やいまも残るメソアメリカ文明由来の伝統文化はその国を映す鏡のようにもみえます。また、さまざまな分野で「多様性」の重要さが認識されるようになった今日において、独自の言語、儀礼、医療の知識、伝統衣装の保存や継承が推進されるようにもなってきました。

　しかし、その主役ともいえるメソアメリカ文明を築いた人々の末裔の境遇は決して恵まれているとはいえません。政治的に利用され、場当たり的な政策、不条理な差別、偏見、貧困に悩まされていることも事実であり、問題の解決策を考えなければなりません。

　筆者は遺跡のある社会やそこに住む人たちとの交流を通じていろいろなことを学んでいます。歴史と現代を行き来してみえてくるメソアメリカ文明の姿は、人類が直面している課題の解決や私たちの未来に重要な示唆を与えてくれるでしょう。

マシモン信仰

④グアテマラのサンティアゴ・アティトラン村でいまも続く。中央で帽子を被った人物像がマシモン像。

文化的アイデンティティと壁画文化

⑤メキシコのオアハカ州太平洋岸にあるトゥトゥテペック市役所に描かれた壁画。この地域の起源から現代までの一連の歴史が市役所の壁面を埋めている。壁画は中米各地でよくみられるアイデンティティ表象の手段のひとつである。

古代の製陶技術復元と新たな工芸品開発

⑥マヤ南東地域に特有のウスルタン様式土器の製作技術の復元研究を展開するかたわら、自身の芸術作品を創造・製作するヘンリ・セルメーニョ氏。この作品の名は「断片化したアイデンティティ」。

TOPIC 豊富な食材がならぶ市場

⑦グアテマラのチチカステナンゴ村の市場。メソアメリカは食材の宝庫である。
⑧バッタのお菓子（イナゴの佃煮を想起させる）。レモンの汁をかけて食べる。

19 伝統・融合・創造

メソアメリカ文明を築いた人々の末裔は、時代の変化に対応しながら、つねに新しい文化や芸術を創造している。伝統的な暮らしの知識、技術、ものごとに対する考え方から、私たちが学ぶべきことは多い。

継承される伝統と新たに創造される伝統

古来からの伝統を継承しながら、新たな伝統が創られつづけている。

①チュワランチョ村の伝統衣装を来た女性（グアテマラ）。
②伝統的なビーズ飾りを取り入れたブラウスを着るスンパンゴ村の若い女性（グアテマラ）。

奉納の踊りと祝宴

③メキシコのオアハカ市で毎年7月に開催される「ゲラゲッツァ」というオアハカ地域最大級のお祭り。オアハカ各地から人々が集まり、各村に受け継がれてきた民俗舞踏を披露する。

20 メソアメリカ考古学研究と日本人

「メソアメリカ考古学はどこで学ぶことができますか？」

現在の日本では、先人たちが道を切り開いてきたおかげで、メソアメリカ文明に関する多様な学びの機会が得られます。とはいうものの、現地に赴き、現地の人々と生活を共にしながら、研究教育機関で研鑽を積むことが最も効果的な学びです。それが海外の考古学を勉強することの醍醐味でもあると筆者は考えています。

メソアメリカ考古学史と日本人の関係を語るうえで欠かせないのが、ＪＩＣＡ青年海外協力隊がホンジュラスで１９８４～１９９４年に実施したラ・エントラーダ考古学プロジェクトです。日本人が中心となって組織化されたメソアメリカで初めてのプロジェクトで、中村誠一さん、猪俣健さん、青山和夫さんなどが隊員として活動しました。現在、彼らはマヤ地域の考古学を牽引する研究者として世界的に知られています。青年海外協力隊は、派遣先の国や地域の発展のみならず日本の人材育成にも注力しており、大学・大学院を卒業して間もない、あるいは在学中の若手に活躍の場が提供されることが特徴です。パブリック考古学†の分野で活躍する村野正景さん、そして筆者はエルサルバドルで青年海外協力隊員として活動しました。

独自の資金や奨学金†などを利用して語学を学び、発掘調査に参加したり、メソアメリカ研究の

†パブリック考古学とは、考古学や考古遺跡と社会の関係や影響についてさまざまな角度から考える学問領域。

メッカであるメキシコ国立自治大学や国立人類学歴史学大学、ユカタン自治大学などに留学し、遺跡や資料が身近にある環境で学んだ先人もいます。長くメキシコ国立自治大学で教鞭をとられた杉浦洋さん、メキシコ考古学の巨星ロマン・ピニャ・チャン先生と苦楽を共にした故・大井邦明さん、テオティワカンの調査にいまも従事する杉山三郎さんらが先駆者です。† 近年、活躍目覚ましい中堅の研究者の古手川博一さん、黒崎充さん、嘉幡茂さん、鈴木真太郎さんもメキシコで学びました。

先の杉山さん、猪俣さん、青山さんに加えて、村上達也さん、塚本憲一郎さん、白鳥祐子さんらは、米国の大学院に進学し、博士号を取得しました。地理的な近さもありますが、米国にはメソアメリカの考古学や人類学をさまざまな角度から学び、研究や議論ができる土壌があります。なお、猪俣さん、村上さん、塚本さんは米国の大学で教壇に立っています。

日本企業の支援も日本人のメソアメリカ考古学進出の足掛かりとなりました。日本たばこ産業の支援によって１９９１〜１９９４年に実施されたカミナルフユ考古学プロジェクトです。大井邦明さんが団長となり、伊藤伸幸さんや柴田潮音さんらが調査の中心的役割を担いました。その後、彼らはエルサルバドルでもプロジェクトを立ち上げ、現地の学生を積極的に受け入れ、研究そして人材育成に尽力しています。

いまでは、メソアメリカ文明について日本国内の大学、大学院で学び博士号を取得することも不可能ではありません。ただし、先人たちの歩みをみていると、いわゆる近道や王道のようなものはありません。メソアメリカ文明の魅力に惹きつけられた熱意ある日本人たちは、21世紀にもなると、メソアメリカ各地で国際的かつ学際的な考古学プロジェクトを遂行し、その調査成果によってしばしば世界中をにぎわすこともめずらしくなくなってきました。

†代表的なものに、日墨戦略的グローバル・パートナーシップ研修計画などがある。

†このほか藤田はるみさんや金子明さんは、メキシコ国立人類学歴史学研究所の地域センターに就職し、文化財行政や考古学研究に従事している。

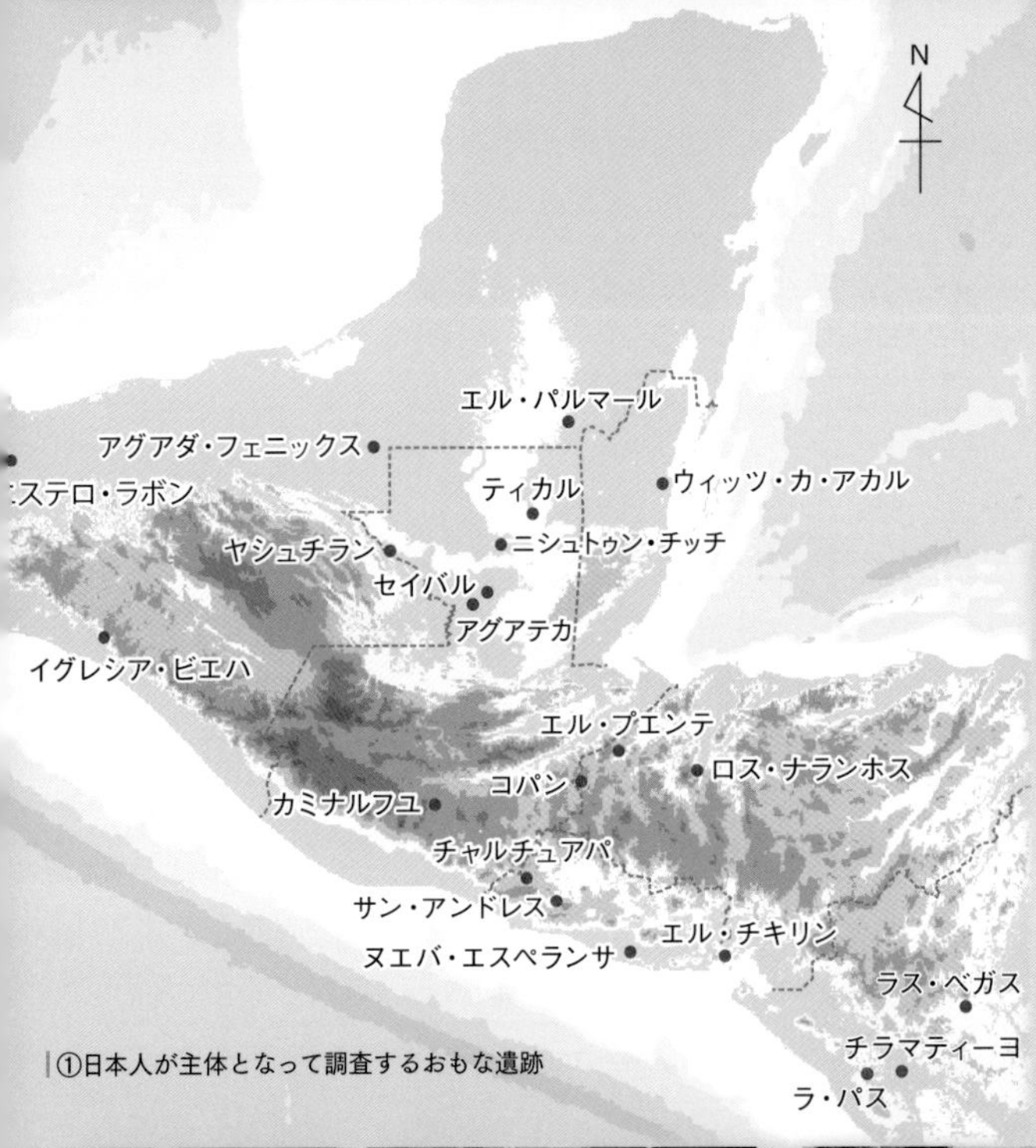

①日本人が主体となって調査するおもな遺跡

④ホンジュラス国立自治大学の古手川博一さんが実施しているランチョ・グランデ遺跡での調査実習。

⑤エルサルバドルの西部で何度も火山災害にあったサン・アンドレス遺跡の神殿ピラミッドの調査および修復保存活動をする筆者ら。

⑥中村誠一さんらによる世界遺産コパン遺跡での調査。

⑨古人骨を綿密に分析する鈴木真太郎さん。

⑩メソアメリカ考古学における石器研究を牽引する青山和夫さんは、携帯型蛍光X線分析で石器の原産地などを特定する研究をおこなっている。

20 メソアメリカ考古学で活躍する日本人

現在、メソアメリカ文明が栄えたほぼ全域、ほぼ全時期をカバーできるほど日本人研究者がさまざまな調査研究を進めている。なかには調査地にある政府機関や教育機関で働く研究者もいる。

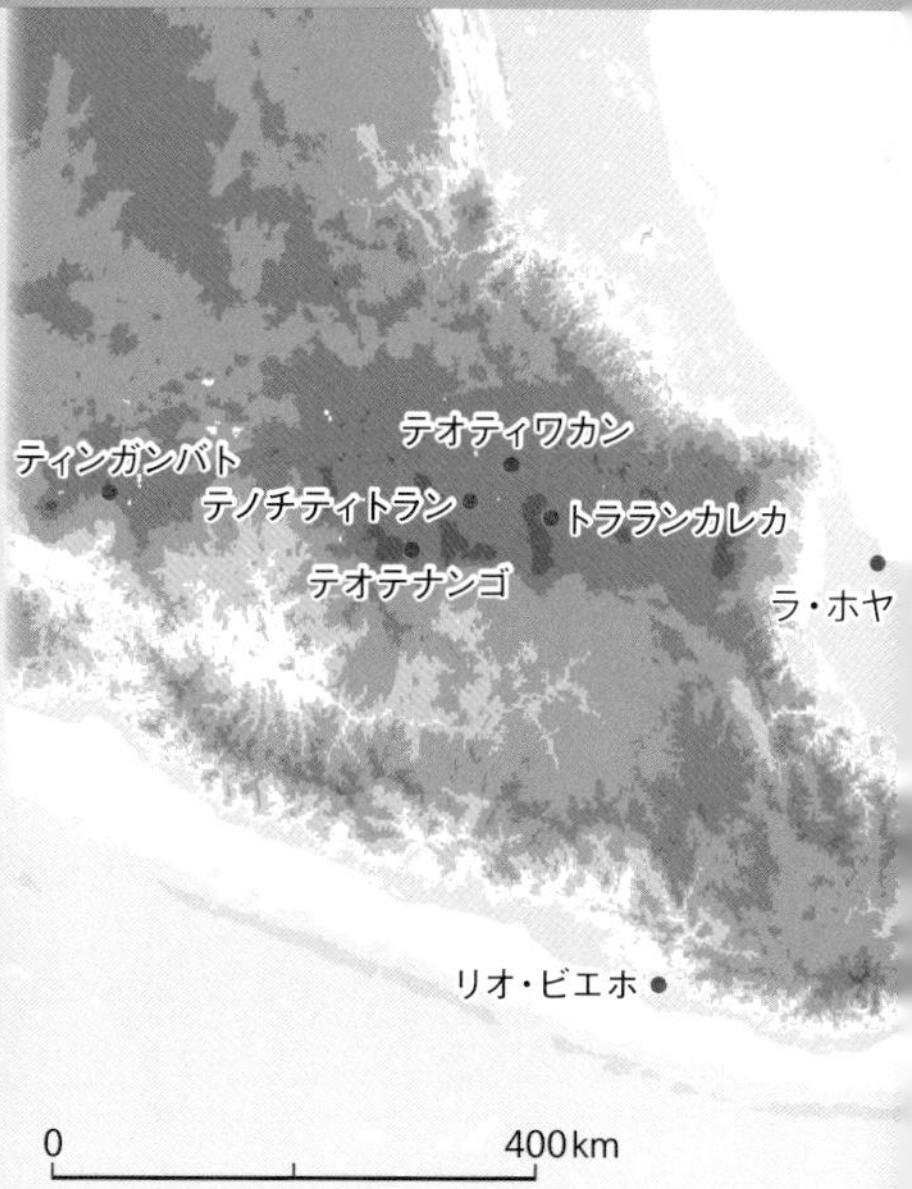

②杉山三郎さんらを中心とするテオティワカンの月のピラミッド埋葬墓6号の調査（「トンネル発掘」次項参照）。
③塚本憲一郎さんらによるメキシコのカンペチェ州にあるエル・パルマール遺跡で出土した碑文の階段の発掘。

⑦故・大井邦明さんらによって始まったエルサルバドルにあるチャルチュアパ遺跡サ・ブランカ地区の神殿ピラミッドの発掘調査。

⑧ニカラグアのラス・ベガス遺跡のマウンドの機能を調べるために発掘調査をする京都外国語大学調査団と地元の研究者たち。

21 発掘・修復保存・博物館活動

メソアメリカの遺跡発掘ならではの方法に「トンネル発掘」があります。メソアメリカの公共建造物の多くは、古い時期の建築をおおって新しい建築を増改築していくことが特徴であることは第6項で述べました。つまり、古い時期の建築を知りたいときには、すでに崩落や浸食の激しい部分から発掘を進めるか、新しい時期の建築の一部を犠牲にしながら発掘しなければなりません。そこで現存する建築の破壊を最小限にとどめながら、最大限に情報を引き出す発掘法がトンネル発掘なのです。杉山三郎さんらによるテオティワカン遺跡の「羽毛の蛇神殿」や「月のピラミッド」の発掘はその代表的な事例です。トンネル発掘は、重要なデータを取得できる一方で、注意すべき点もあります。トンネルを掘りすぎると建築内部が脆弱になるため、発掘中や発掘後の崩落を防止する安全策が必要です。

建造物の発掘が中心となるメソアメリカ考古学は、発掘をして終わり、というわけにはいきません。建造物の発掘とその後の修復保存は、メソアメリカ考古学の両輪といっても過言ではありません。そのため発掘の知識だけではなく、遺跡保存の理念や修復保存の手順などの知識、技術、経験がたいへん重要になります。

日本人による遺跡の修復保存活動は世界的にも評価されています。前項で紹介したラ・エントラーダ考古学プロジェクトはその嚆矢で、手つかずであったエル・プエンテ遺跡†を発掘し、建造物を修復保存して、公園化、そして博物館まで開館させました。このプロジェクトの中心であった中村誠一さんは、現在、グアテマラのティカル遺跡、ホンジュラスのコパン遺跡という世界遺産登録遺跡の発掘および修復保存活動†を先導しています。さらに地域の芸術家などを巻き込んだ、遺跡を活用した地域振興に関する一連の活動は、日本の国際協力分野の中でも一目置かれています。

　メソアメリカのような熱帯地域では困難とされる土製建造物の修復保存にも日本人は果敢に挑戦してきました。グアテマラで実施されたカミナルフユ考古学プロジェクトがその始まりです。現在、このプロジェクトのメンバーであった伊藤伸幸さん、柴田潮音さんらは、現地政府や地域の人々と協力してエルサルバドルのチャルチュアパ遺跡†を中心に土製建造物の修復保存活動に精力的に取り組んでいます。

　日本人研究者は、博物館活動や考古学を用いた教育活動にも熱心に取り組んでいます。ホンジュラスのコパンデジタル博物館、エルサルバドルのカサ・ブランカ遺跡公園などは日本の政府、ＪＩＣＡ、大学の支援によって整備が進んだ施設で、地域の人々に親しまれています。また嘉幡茂さんらが中心となっておこなっているマンガを使ったユニークな啓蒙活動も特筆に値します。

　人類共通の普遍的な価値を有する世界の文化遺産の保存と活用や、博物館活動の充実を図る仕事は、世界各国が取り組む「持続可能な開発目標（ＳＤＧｓ）」の達成にむけて、今後ますます重要になるでしょう。ただし、遺跡破壊や行き過ぎた観光化、遺跡周辺の地域住民が取り残されるような開発など解決すべき課題が多いことも事実です。本書を手にとってくれた方々には、古代の人々に思いを馳せるだけでなく、現代そして未来に生きる人々にも関心をもっていただきたいと思います。

†エル・プエンテ遺跡は、ホンジュラス西部にあるコパン遺跡の北東約50キロメートルに位置する。古典期後期にコパンに従属した地方センターである。

†日本政府やＪＩＣＡなどの支援を受けて、ティカル遺跡には世界遺産遺跡保存研究センターが、コパン・ルイナス市にはデジタル博物館が建設された。これらの施設は遺跡の保存や活用に関する活動の中心になっている。

†チャルチュアパ遺跡は、エルサルバドルのサンタ・アナ県にある代表的な遺跡で、先古典期から後古典期まで栄えた。エル・トラピチェ地区、カサ・ブランカ地区、タスマル地区などからなり、カサ・ブランカ地区とタスマル地区は国が管理する遺跡公園として公開されている。

ラ・エントラーダ考古学プロジェクト

ホンジュラスのラ・エントラーダ市とその周辺を中心におこなわれた遺跡の発掘および保存プロジェクト。青年海外協力隊員や地元政府、住民が参加した。

⑤遺跡公園化されたエル・プエンテ遺跡

アイデンティティ形成の核としての博物館

博物館はたんに過去の歴史を展示するだけでない。歴史に関わるさまざまな体験活動は、自分たちの文化的なアイデンティティを形成する一助となる。

⑦エルサルバドルのチャルチュアパ市にあるカサ・ブランカ遺跡公園。日本や現地の政府・NGOなどの支援と協力を得て博物館と藍染工房が建設された。歴史を伝える媒体としてだけでなく、消滅の危機にあった藍染文化を再興する中心地としても機能している。

マンガを使った新たな歴史・文化の情報発信ツールの開拓

マンガが考古学活動の情報発信ツールとなり、遺跡の保存につながることが期待される。

註9: トウモロコシの神「センテオトル」。註10: 水・雷鳴の神「トラロック」。註11: 火の（老）神「ウエウエテオトル」。

⑧嘉幡茂さんらが中心となり、漫画家と共同して製作された作品「トラジェコルティア」（原書の吹き出しはスペイン語）。

21 日本人が協力している文化遺産の保存と活用

日本は、メキシコや中米各国の文化遺産の保存と活用に積極的に取り組んできた。その活動は、遺跡の修復保存だけではなく、博物館の建設、展示指導、人材育成、マンガを使った普及活動など多様である。

在来知を活用した発掘と保存

メソアメリカ文明を築いた人々の末裔やその土地の気候や自然にくわしい現地の方々の経験や知識は、遺跡の発掘や保存の活動に大いに役立ち、教えられることばかりである。

①発掘現場では先住民言語がゆきかうこともめずらしくない。

②日干しレンガの材料集めから製作まで、在来知はピラミッド修復と保存に欠かせない。

⑥併設する博物館には出土遺物の展示とともに、日本との友好を示す解説板や文化を紹介するコーナーがある。

未来にむけた信頼関係の構築と啓蒙

調査地の人々との信頼関係の構築や遺跡保存にとって重要なのが、遺跡説明会や地元向けの講演会、教員や子ども向けのワークショップである。

③メキシコのエステロ・ラボン遺跡のある村での講演会。
④エルサルバドルのヌエバ・エスペランサ遺跡のある村でおこなわれた教員向けワークショップ。

古代メソアメリカ文明——マヤ・テオティワカン・アステカ

青山和夫 著
講談社選書メチエ、2007年

オルメカ、マヤ、テオティワカン、サポテカ、アステカなどにふれながら、メソアメリカ文明の歴史を包括的に説明した概説書。

テオティワカン——「神々の都」の誕生と衰退

嘉幡茂 著
雄山閣、2019年

メソアメリカ最大の都市国家テオティワカンの誕生と衰退について詳細な考古資料にもとづいて新たな見解を提示した書。

古代アメリカの比較文明論——メソアメリカとアンデスの過去から現代まで

青山和夫・米延仁志・坂井正人・鈴木紀 編
京都大学学術出版会、2019年

アメリカ大陸を代表するメソアメリカとアンデスという二大文明についてさまざまな視点から比較した専門書。

アメリカ大陸古代文明事典

関雄二・青山和夫 編
岩波書店、2005年

アメリカ大陸に栄えた古代文明の全体像を、多数の遺跡や文化・文明、代表的な特徴の記述から浮かび上がらせる事典。

マヤ・アンデス・琉球——環境考古学で読み解く「敗者の文明」

青山和夫・米延仁志・坂井正人・高宮広土 著
朝日新聞出版、2014年

日本も含む環太平洋という壮大な地域を対象に、環境変化の視点から古代文明の盛衰をひも解く1冊。

メソアメリカを知るための58章

井上幸孝 編著
明石書店、2014年

古代から現代にいたるまでのメソアメリカの歴史の流れをコンパクトにまとめた入門書。

中米の初期文明オルメカ（世界の考古学24）

伊藤伸幸 著
同成社、2011年

メソアメリカ文明の基層をつくったともされるメキシコ湾岸に栄えたオルメカについて、豊富な図版と写真で解説した1冊。

メソアメリカ文明を知るために 読んでほしい本

メソアメリカ文明ゼミナール

伊藤伸幸 監修、嘉幡茂・村上達也 編
勉成出版、2021年

22名の中堅若手の研究者が中心となって、各自が専門とする地域や分野について詳細に記述した体系的な1冊。これから本格的にメソアメリカを学びたい人におすすめしたい。

図説　マヤ文明

嘉幡茂 著
河出書房新社、2020年

詳細かつ豊富な図面を掲載して、メソアメリカという枠組みの中でマヤ文明について解説した概説書。

古代マヤ　石器の都市文明〈増補版〉

青山和夫 著
京都大学学術出版会、2013年

著者による石器の研究も含めて、マヤ文明の盛衰の全容を通史として解説した概説書。

マヤ文明を知る事典

青山和夫 著
東京堂出版、2015年

マヤ文明に関する主要なテーマや項目について事典のように調べて読むことのできる便利な一冊。

古代マヤ文明 ——栄華と衰亡の3000年

鈴木真太郎 著
中公新書、2020年

古人骨の研究を専門とする著者が、マヤ文明の実像について自身の最新研究もふまえて描いた概説書。

マヤ文明を掘る ——コパン王国の物語

中村誠一 著
NHKブックス、2007年

世界遺産遺跡コパンを長年調査してきた著者による、発見や資料にもとづいてマヤ文明の王国の実態に迫った1冊。

一度は訪ねてみたい
メソアメリカ文明を知るための博物館

メキシコ国立人類学博物館
Museo Nacional de Antropología, MNA

【メキシコ：メキシコシティ**】**

メキシコ各地に栄えた古代文明や民族に関する代表的な資料が展示されている中南米有数の博物館。書籍や土産物などの販売も充実している。

ハラパ人類学博物館
Museo de Antropología de Xalapa, MAX

【メキシコ：ベラクルス州ハラパ**】**

巨石人頭像や玉座などメキシコ湾岸に栄えたオルメカに関する展示は一見の価値がある。

メリダ、マヤ世界大博物館
Gran Museo del Mundo Maya de Mérida

【メキシコ：ユカタン州メリダ**】**

メキシコのユカタン半島に栄えたチチェン・イツァなどのマヤ低地北部に栄えた諸都市に関する展示が充実している。

グアテマラ国立考古学民族学博物館
Museo Nacional de Arqueología y Etnología de Guatemala

【グアテマラ：グアテマラシティ**】**

ティカルなどのマヤ低地南部、カミナルフユなどのマヤ高地の通史を学ぶことができる博物館。民族学展示室では衣装や仮面などの展示が楽しめる。

ダビ・J・グスマン博士国立人類学博物館
Museo Nacional de Antropología Dr. David J. Guzmán

【エルサルバドル：サンサルバドル**】**

チャルチュアパなどメソアメリカ南東部周縁地域に栄えた諸都市の発掘調査で出土した遺物が展示されているエルサルバドルを代表する博物館。

コパン石彫博物館
Museo de Escultura de Copan

【ホンジュラス：コパン・ルイナス**】**

マヤ考古学史に燦然と輝くコパン遺跡で出土した華麗なる石彫芸術、さまざまな図像で壁面が飾られたロサリラ神殿が実物大で展示されている。

日本と関係の深い
メソアメリカ文明を研究する現地の大学

メキシコ国立自治大学
Universidad Nacional Autónoma de México, UNAM

【メキシコ：メキシコシティ**】**

人類学研究所やマヤ文化研究所などがある。美しい壁画が描かれた図書館を含むキャンパスの一部は世界遺産。

国立人類学歴史学大学
Escuela Nacional de Antropología e Historia, ENAH

【メキシコ：メキシコシティ**】**

メキシコの考古学や歴史学を基礎から学ぶには最適な機関。日本人も多く学んだ。

グアテマラ・サン・カルロス大学
Universidad San Carlos de Guatemala, USAC

【グアテマラ：グアテマラシティ**】**

グアテマラを代表する国立大学で、多くのグアテマラ人考古学者を輩出している。

グアテマラ・デル・バジェ大学
Universidad del Valle de Guatemala, UVG

【グアテマラ：グアテマラシティ**】**

グアテマラを代表する私立大学。考古学・人類学研究センターがある。

エルサルバドル工科大学
Universidad Tecnológica de El Salvador, UTEC

【エルサルバドル：サンサルバドル**】**

多数のエルサルバドル考古学関係者を養成している大学で、人類学博物館も有している。

ホンジュラス国立自治大学
Universidad Nacional Autónoma de Honduras, UNAH

【ホンジュラス：テグシガルパ**】**

ホンジュラスを代表する国立大学であり、現在、古手川博一さんが教鞭をとっており、国内の野外調査実習などをおこなっている。

国内外のおもな学会・シンポジウム

古代アメリカ学会
Japan Society for Studies of Ancient America

日本国内唯一のアメリカ大陸の古代文明研究に関する学会。研究大会・総会が年1回あり、学会誌や会報の発行、全国での研究懇談会やシンポジウム開催などの活動をおこなっている。ジュニア、学生、一般、シニア会員あり。

アメリカ考古学会
Society for American Archaeology, SAA

年次大会では、アメリカ大陸の古代文明に関する研究が多数発表される。中南米の古代文明研究を専門に扱ったLatin American Antiquity誌を年4回発行している。

グアテマラ考古学調査シンポジウム
Simposio de Investigaciones Arqueológicas en Guatemala

グアテマラ国立考古学民族学博物館で年1回開催される中米随一のシンポジウム。マヤをはじめ周辺地域の調査速報が多数発表され、毎年、論集が出版される。

おもな参考文献（▶は本書参照項）

青山和夫，2007，『古代メソアメリカ文明――マヤ・テオティワカン・アステカ』講談社選書メチエ． ▶9, 12

青山和夫，2013，『古代マヤ――石器の都市文明』京都大学学術出版会． ▶8

青山和夫，2022，『マヤ文明の戦争――神聖な争いから大虐殺へ』京都大学学術出版会． ▶11

青山和夫・米延仁志・坂井正人・鈴木紀編，2019，『古代アメリカの比較文明論――メソアメリカとアンデスの過去から現代まで』京都大学学術出版会． ▶1, 19

市川彰，2014，「メソアメリカ考古学における日本人研究者」『京都ラテンアメリカ研究所紀要』14（51）：51-72． ▶20, 21

伊藤伸幸監修，嘉幡茂・村上達也編，2021，『メソアメリカ文明ゼミナール』勉成出版． ▶1, 3, 15

嘉幡茂，2019，『テオティワカン――「神々の都」の誕生と衰退』雄山閣． ▶10

鈴木真太郎，2020，『古代マヤ文明――栄華と衰亡の3000年』中公新書． ▶10, 18

Arthur, J., 2010, *Mixtecs, Zapotecs, and Chatinos: Ancient Peoples of Southern Mexico,* Wiley-Blackwell, West Sussex. ▶7

Berdan, F. F., 2014, *Aztec Archaeology and Ethnohistory,* Cambridge University Press, Cambridge. ▶13

Carrasco, D., 2014, *Religions of Mesoamerica* (2nd edition), Waveland Press, Long Grove. ▶14

Evans, S. T., 2008, *Ancient Mexico and Central America: Archaeology and Culture History* (2nd edition), Thames and Hudson, London. ▶1, 2

Inomata, T. *et al.*, 2015, “Development of Sedentary Communities in the Maya Lowlands: Coexisting Mobile Groups and Public Ceremonies at Ceibal, Guatemala,” *Proceedings of the National Academy of Sciences of the United States of America* 112(14): 4268-4273. ▶5

Inomata, T. *et al.*, 2020, “Monumental Architecture at Aguada Fénix and the Rise of Maya Civilization,” *Nature* 582: 530-533. ▶6

Lohse, J., A. Borejsza and A. Joyce eds., 2021, *Preceramic Mesoamerica.* Routledge, London and New York. ▶3, 4

López Austin, A. and L. López Luján, 2009, *Monte Sagrado Templo Mayor: El Cerro y la Pirámide en la Tradición Religiosa Mesoamericana,* Universidad Nacional Autónoma de Mexico e Instituto Nacional de Antropología e Historia, Ciudad de Mexico. ▶6

Schele, L. and D. Freidel, 1990, *A Forest of Kings: The Untold Story of the Ancient Maya,* Quill William Morrow, New York. ▶14, 16

Sharer, R. and L. Traxler, 2006, *The Ancient Maya* (6th edition), Stanford University Press, Redwood City. ▶1, 2

Tsukamoto, K. and O. Q. Esparza Olguin, 2014, “Ajpach’Waal: The Hieroglyphic Stairway of the Guzman Group of El Palmar, Campeche, Mexico,” *Maya Archaeology* 3, edited by C. Golden, S. Houston and J. Skidmore, pp.30-55, Precolumbia Mesoweb Press, San Francisco. ▶9

Sheets, P., 2006, *The Ceren Site: An Ancient Village Buried by Volcanic Ash in Central America.* Wadsworth Publication, Belmont. ▶17

写真提供©（所蔵，該当頁に表記したものを除く）

【01】①チチェン・イツァ：（Wikimedia Commons）

【02】③メキシコ湾岸：古手川博一／⑧アティトラン湖：H. Mejia ／コンゴウインコ，クモザル，七面鳥：小川雅洋／ワニ：相場伸彦／ジャガー：Katie Chan，ケツァル鳥：Sidney Bragg，イヌ：Alfredo & Sara Aguirre（Wikimedia commons）

【03】②クローヴィス形石器：相場伸彦／④エスピリトゥ・サント岩陰遺跡：村野正景／⑤ユザヌ50遺跡：A. Borejsza

【04】③④⑤トルティーヤとタマル：相場伸彦／⑦畝状遺構：伊藤伸幸／⑧段々畑：A. Joyce ／⑨チナンパ：相場伸彦／⑩チナンパ：伊藤伸幸／⑪年縞：M. Goman ／⑬⑭トウモロコシの穂軸とプラントオパール：E. Brúbé.

【05】①モナグリージョ式土器：飯塚文枝／②最古の土偶：相場伸彦／③ラ・コンセンティーダ遺跡出土の土器および復元図：G. Hepp

【06】①アグアダ・フェニックス遺跡：猪俣健／②ティカル遺跡1号神殿：小川雅洋

【07】②モンテ・アルバン全景：G. Gutiérrez ／①サン・ホセ・モゴテ1号建造物：福原弘識

【08】④カミナルフユ遺跡石彫の拓本：伊藤伸幸

【09】③メソアメリカ最古級の長期暦の記録：伊藤伸幸

【10】①オアハカ地区と商人地区の遺物写真：福原弘識

【11】②トニナ遺跡出土の斬首された捕虜の石彫：新谷葉菜／⑤⑧メンドーサ絵文書：The Bodleian Library, University of Oxford（Wikimedia Commons）／⑥アステカ「鷲の戦士」：相場伸彦

【13】④⑤トラルテクートリとコヨルシャウキ：相場伸彦／⑪ポチテカ商人：（Wikimedia Commons）

【14】①トラロックの土器：相場伸彦

【15】②貢納台帳：（Wikimedia Commons）

【16】④テオティワカンのテパンティトラ建造物複合の壁画：千葉裕太／⑥パレンケの赤の女王：鈴木真太郎／⑩ネサワルコヨトル王の肖像：（Wikimedia Commons）

【17】⑧ニシュトゥン・チッチ遺跡の住居：白鳥祐子／⑬金属顕微鏡：青山和夫

【18】⑦子どもの躾を描いた絵文書：（Wikimedia Commons）

【19】①民族衣装を着た女性，②ビーズ飾りを取り入れたブラウスを着る女性：本谷裕子／④マシモン像：L. J. Hernandez ／⑥陶製技術の復元と芸術：H. A. Sermeño ／⑦チチカステナンゴの市場：市木直利

【20】②月のピラミッド埋葬墓6号：The Moon Pyramid Project ／③エル・パルマール遺跡：塚本憲一郎／④ランチョ・グランデ遺跡：ホンジュラス国立自治大学社会科学部人類学学科／⑥コパン遺跡：中村誠一／⑦チャルチュアパ遺跡：伊藤伸幸／⑧ラス・ヴェガス遺跡：南博史／⑨人骨分析：鈴木真太郎／⑩携帯型蛍光X線分析装置：青山和夫

【21】①在来知を活用した発掘と保存：伊藤伸幸／③地域住民に対する講演会：Proyecto Arqueológico Estero Rabón ／④教員向けワークショップ：池田瑞穂／⑦カサ・ブランカ遺跡公園：伊藤伸幸／⑧マンガプロジェクト：嘉幡茂

図版出典（トレースおよび一部改変）

【02】自然環境分類地図：Evans, S. T., 2008, *Ancient Mexico and Central America: Archaeology and Culture History* (2nd edition), Thames and Hudson, London.

【03】③北大西洋海水面温度の変化：Timmermann, A. and L. Menviel, 2009, “What Drives Climate Flip-Flops?” *Science* 325(17): 273-274.

【05】④黄褐色地赤彩文土器：Flannery, K.V. and J. Marcus, 1994, *Early Formative Pottery of the Valley of Oaxaca, Mexico,* Memoirs of the Museum of Anthropology University of Michigan No.27, Ann Arbor ／⑤ロコナ土器様式: Leisure, R. ed., 2021, *Paso de la Amada: An Early Mesomaerican Ceremonial Center,* Costen Institute of Archaeology Press, University of California, Los Angeles.

【06】②コパン遺跡10L-16建造物の断面図：Andrews, W. and W. L. Fash, 2005, *Copan: The History of an Ancient Maya Kingdom,* School of American Research, Santa Fe.

【09】④マヤ暦のカレンダー・ラウンド，⑥紋章文字：青山和夫，2015，『マヤ文明を知る事典』東京堂出版／⑤ティカル31号石碑：FMASI Linda Schele Collection ／⑦カラコル遺跡の祭壇21号：Martin, S., 2005, “Caracol Altar 21 Revisited: More Data on Double Bird and Tikal’s Wars of the Mid-Sixth Century,” *The PARI Journal* 6 (1): 1-9.

【10】①テオティワカン地図：Millon, R., 1973, *Urbanization at Teotihuacan Mexico* Vol. 1, pt.1: The Teotihaucan Map. University of Texas Press, Austin. ／④ストロンチウム比率，酸素デルタ比の散布図：鈴木真太郎，2017，「ストロンチウム及び酸素安定同位体による移民動態の再構築：古典期コパン王朝史における新たな展望」中村誠一編『異分野融合研究によるマヤ考古学の新展開』，35-60 ／⑤ナットール絵文書：Herman Lejarazu, M. A., 2017, “Codice Colombinoy Berker I. La Historia de los Señores 8 Venado y 4 viento,” *Arqueología Mexicana,* Especial 74: 13-59.

【11】④チチェン・イツァ遺跡ジャガー神殿に描かれた壁画：FAMSI Linda Schele Collection.

【13】②双子のピラミッドの復元図：Evans 2008 ／⑥アステカ王国の領土図：Berdan 2014.

【14】⑥サン・バルトロ遺跡の壁画に描かれたトウモロコシの神：Saturno, W. A., K. A. Taube and D. Stuart, 2005, *Los Murals de San Bartolo, El Peten, Guatemala Parte 1: El Mural del Norte,* The Center for American Studies ／⑨ヤシュチラン遺跡まぐさ石24号：FAMSI Linda Schele Collection.

【16】⑦パレンケの碑文の神殿模式図：Evans 2008 ／⑨セイバルの10号石碑：FAMSI John Montgomery Collection.

【17】⑩テオティワカンのアパート式住宅：Smith, M., 2014, “Housing in Premodern Cities: Patterns of Social and Spatial Change,” *Archnet-IJAR* 8 (3): 207-222.

＊上記以外は著者撮影・作図

シリーズ「古代文明を学ぶ」

刊行にあたって

文明とは何かについて考えたことがあるでしょうか。

その定義については、過去1世紀以上もの間、さまざまな見方が提示されてきました。シリーズ「古代文明を学ぶ」では、文明の本質は現代のように複雑きわまる社会を支える仕組みにあると捉えます。人類は、数百万年も前に現れた当時、はるかに単純な社会を営んでいたはずです。では、いったい、いつから、複雑な社会への道筋が生まれ、「文明」ができあがったのか。

文明の起点を理解するには、長い社会変化の枝葉をそぎ落として根源を考察できる考古学が有効です。古代文明が早くに誕生した地域に出向き、その経緯を現場で調べる研究を日本人考古学者が本格的に開始したのは1950年代です。未曾有の惨事となった世界大戦をもたらした「文明」について再考しようという世界的な動向の一部でもあったと伝わっています。

嚆矢となったのは、新旧両大陸における古代文明の起源を比較研究するという壮大なテーマを掲げて、それぞれの大陸で最古の文明痕跡を有する地域に派遣された2つの調査団でした。そして、中東のメソポタミア（1956年）、南米のアンデス（1958年）で長期的な調査が開始されました。以後、日本人による現地調査はめざましい発展をとげ、世界各地で花開いたユニークな古代文明を解き明かすべく数十カ国で現地研究を展開するにいたっています。

本シリーズは、各地の古代文明研究の最先端をお示しするものです。第一線で活躍する日本人研究者によるナラティヴをとおして、海外での考古学調査の意義や興奮、感動とともに最新の調査成果をお届けします。

文明の成り立ちを学ぶことは、現代社会を支える仕組みの由来を理解することにほかなりません。また他地域の文明を学ぶことは、みずからの社会の特質について考えることに直結します。本企画が時空を超えた対話の機会を提供し、文明社会がよってきた道のりと行く末について思いを馳せる舞台となることを念じています。

2023年6月　　　　監修者　西秋良宏

著者紹介

市川　彰（いちかわ・あきら）

1979年、茨城県生まれ。

名古屋大学大学院文学研究科博士後期課程単位取得退学。博士（歴史学）。

名古屋大学高等研究院特任助教、コロラド大学ボルダー校研究員などをへて、2023年2月より金沢大学古代文明・文化資源学研究所准教授。

青年海外協力隊員としてエルサルバドルに派遣され、その後、チャルチュアパ遺跡、ヌエバ・エスペランサ遺跡、サン・アンドレス遺跡で発掘調査をおこなった。2022年からメキシコのオアハカ州にあるリオ・ビエホ遺跡の発掘調査を国際共同チームの一員としておこなっている。

専攻：メソアメリカ考古学
主な著作　『古代メソアメリカ周縁史――大都市の盛衰と大噴火のはざまで』（溪水社、2017年）、Human responses to the Ilopango Tierra Blanca Joven eruption: excavations at San Andrés, El Salvador. *Antiquity* 96（386）（Cambridge University Press, 2022年), Strengthening social relationships through community archaeology at Nueva Esperanza, El Salvador: Challenges and lessons. *Journal of Community Archaeology and Heritage* 5(4)（Taylor & Francis Online, 2018年）ほか。

装　幀　コバヤシタケシ
図　版　松澤利絵

シリーズ「古代文明を学ぶ」
メソアメリカ文明ガイドブック

2023年7月20日　第1版第1刷発行

著　者　市川　彰
発　行　新 泉 社
東京都文京区湯島１－２－５　聖堂前ビル
TEL 03（5296）9620／FAX 03（5296）9621
印　刷　三秀舎
製　本　榎本製本

ISBN978-4-7877-2311-6　C1022

シリーズ「古代文明を学ぶ」

古代文明の魅力と最新研究成果を第一線で活躍する研究者がビジュアルに解説
A5 判 96 ページ／各巻 1800 円＋税（年 3 冊刊行、＊は既刊）

メソアメリカ文明ガイドブック＊　市川彰
インダス文明ガイドブック　上杉彰紀
古代オリエントガイドブック　安倍雅史・長谷川修一・津本英利
アンデス文明ガイドブック　松本雄一
古代メソポタミアガイドブック　小高敬寛・下釜和也
古代朝鮮半島ガイドブック　庄田慎矢
古代エジプトガイドブック　馬場匡浩
古代中国ガイドブック1　久保田慎二
古代中国ガイドブック2　藤井康隆・市元塁
古代東南アジアガイドブック　山形眞理子・丸井雅子・深山絵実梨